ライブラリ 経済学への招待 1

経済学への招待

岩田 規久男

新世社

はしがき

　本書は経済学に初めて接する読者を「経済学に招待する」ことを目的とする，経済学の入門書です。

　私は，学生や社会人が経済学の入門段階で，経済学のあまりの抽象性に失望して，経済学嫌いになったり，経済学に不信感を抱くようになったりするケースをずいぶん見てきました。

　しかし，経済学は実際の経済の動きや実際に採用されている経済政策が私たちの生活にどのような影響を及ぼしているかなどを理解するうえで，きわめて役に立つ社会科学です。経済学がそのように役に立つ社会科学であるにもかかわらず，読者が経済学の入門段階で経済学に失望したり，不信感を抱いたりするようになるならば，それは入門段階の経済学を教える教師の側の責任です。

　経済学の入門段階の読者をスムーズに経済学に招待するためには，何よりも説明が分かりやすくなければなりません。本書の執筆に当たって第1に心がけたことは「分かりやすさ」です。

　「分かりやすい」という目的を達成するために，本書では説明の中心を「市場経済の基本的な機能の正確な理解」におきました。市場経済の基本的な機能とは「市場によって資源配分と所得分配とが同時に決まる」ということです。市場の基本的な機能を理解するためには，それほど高度で複雑な分析手法は必要がありません。この考え方に立って，本書で採用した分析手法は，シンプルな完全競争市場を仮定した需要・供給分析とマクロ経済学における45度線分析だけです。この2つの分析によって経済学の基礎を理解しておけば，入門段階からより高度な経済学へとステップ・アップすることができます。

　第2に，読者が経済学の高度な抽象性に失望しないように，できるだけ現実の事例に即して経済学を説明することを心がけました。この説明によって，

経済学が現実に起きている経済現象を理解するうえで役に立つことを知っていただきたいと思います。

　本書は経済学の基礎中の基礎を解説したもので，読者にはこの基礎の上に立って，より進んだミクロ経済学やマクロ経済学，さらに，経済政策論，金融論，公共経済学，国際経済学などの応用経済学に進まれることを期待します。

　しかし，経済学を専門としない学生や社会人であれば，本書の水準の経済学でも現実の経済を理解するうえで大いに役に立つと考えます。逆に言えば，経済学部生ではない学生の皆さんにも，本書程度の経済学は是非理解していただきたいと思います。

2007 年 6 月 8 日

岩田　規久男

目次

第1章 希少性と資源配分　　1

1.1 生産と消費と資源 ……………………………………………2
財・サービスの定義/生産と消費の分離/市場経済における特化と交換/なぜ特化するのか/特化と分業/財の生産と資源

1.2 市場と資源配分 ……………………………………………11
最大限生産可能な財の組合せ/生産可能性曲線/効率的な資源配分/所有権と使用権の確立

練習問題　17

第2章 需要と供給　　19

2.1 需要と価格 ……………………………………………20
需要法則/市場需要曲線

2.2 需要曲線のシフト（移動） ……………………………………………23
みかんの価格の変化──代替財の価格の変化/補完財と需要/所得と需要/その他の需要に影響する要因/需要曲線に関するまとめ

2.3 供給と価格 ……………………………………………30
供給法則/供給表と供給法則/完全競争市場と価格支配力

2.4 供給曲線のシフト（移動） ……………………………………………35
りんごの生産・出荷費用/その他の供給に影響する要因/供給曲線に関するまとめ

練習問題　40

第3章 価格の決定とその変化　43

3.1 価格の決定　44
均衡価格/安定均衡

3.2 需要曲線のシフトと財の価格の変化　46
代替財の価格の変化/「需要が増えると価格が上昇する」という意味/補完財の価格の変化/所得の変化と価格の変化/その他の要因の変化による需要曲線のシフトと価格の変化/供給の価格弾力性/供給曲線の傾きと供給の価格弾力性/需要曲線のシフトと供給の価格弾力性/無限大とゼロの供給の価格弾力性

3.3 供給曲線のシフトと財の価格の変化　58
生産費用の変化/他の供給に影響する要因の変化/需要の価格弾力性/需要曲線の傾きと需要の価格弾力性/供給曲線のシフトと需要の価格弾力性/無限大とゼロの需要の価格弾力性/豊作貧乏

練習問題　70

第4章 資源配分と所得分配の決定　71

4.1 資源配分の決定　72
コーリン・クラークの法則/需要の変化による財・サービスの生産量の変化/生産量の変化と資源配分の変化/供給の変化による生産量の変化/資源配分を変える生産要素価格の変化

4.2 所得分配の決定　80
所得を決定する要因/生産要素の供給/生産要素の需要/生産要素の価格の決定/製造業人口の増加——農村から都市への人口移動(1)/農業人口の減少——農村から都市への人口移動(2)/労働サービスの希少性と賃金格差

4.3 単純な経済循環　88
家計と企業/家計と企業から構成される経済循環

練習問題　92

第5章 政府の役割　93

5.1 法による支配　94
政府による交換のルールの設定/ルールを順守させる政府の機能

5.2 資源配分と政府 ……………………………………………96
市場の失敗/費用逓減産業と規制/政府が無料で公共財を供給する理由/混雑費用と公共財/外部性による市場の失敗/情報の不完全性にかかわる政府の役割

5.3 所得再分配と政府 ……………………………………………108
機会の平等/機会の平等のための所得再分配政策/結果の平等と社会保障制度/社会保障給付の推移/結果の平等と税制

練習問題　115

第6章　国内総生産の決定　　117

6.1 マクロ経済学の諸概念 …………………………………………118
国内総生産とは/支出面から見たマクロ経済変数/国内総支出/国内総支出の数値例/事後的に国内総生産と国内総支出が一致する理由/日本と主要国の名目国内総生産（名目GDP）/国内総所得/国内概念と国民概念

6.2 国内総生産と国内総支出の決定 …………………………………130
総供給と総需要/総供給と総需要の均衡メカニズム/単純な総需要の決定モデル/単純な消費関数/可処分所得がマイナスでも消費はプラスになる/総需要と総供給/国内総生産の決定/国内総生産決定の数値例/計画在庫投資と計画外在庫投資/超過需要のケース/超過供給のケース/事前と事後の相違

練習問題　145

第7章　経済の変動と安定化政策　　147

7.1 国内総生産の変動 ………………………………………………148
戦後日本の国内総生産の推移/民間企業在庫投資の変動による国内総生産の変動/民間企業設備投資の変動による国内総生産の変動/投資乗数/投資乗数が1より大きくなる理由/税金と投資乗数/輸入と投資乗数/国内総生産と雇用の関係/総供給と物価の関係

7.2 マクロ経済の安定化政策 ………………………………………161
需要不足と非自発的失業/完全雇用を達成するための財政政策/完全雇用を達成するための減税政策/完全雇用を達成するための金融緩和政策/財政政策の限界/金融緩和政策の限界/金融緩和政策とインフレ

練習問題　167

第8章 経済成長　　　　169

8.1 生産能力を規定する要因 …………………………………170
経済の安定と成長の関係/生産能力の尺度としての国内総生産/貧しい国と豊かな国/生産要素の賦存量と生産性/平和な市場経済/物的資本への投資/教育・訓練と人的資本/技術進歩と知識

8.2 明治以降の日本の近代的経済成長とその要因 …………179
明治以降の近代的経済成長/近代的経済成長の始動に成功した要因/戦後の高度経済成長の要因

練習問題　183

- ■参考文献　184
- ■練習問題解答　186
- ■索　引　194

本文イラスト/クラシゲ アキコ

第1章

希少性と資源配分

■ 1.1 生産と消費と資源
■ 1.2 市場と資源配分

　　　　経済学にはさまざまな側面がありますが，そのうちでも最も重要な側面は「希少性」を扱うという点です。

　　　　私たちは毎日さまざまなモノやサービスを消費していますが，これらのモノやサービスを生産するためには，さまざまな資源が必要になります。しかし，私たちが利用できる資源は有限です。そのため，あるモノまたはサービスを生産しようとすると，その他のモノやサービスの生産を減らさなければなりません。このとき，「生産するための資源は希少である」といいます。

　　　　どんな社会でも，その社会が利用できる資源は有限です。そのため，その希少な資源をどのようなモノやサービスの生産にどれだけ割り当てたらよいかという問題に直面します。この問題を経済学では，「資源配分問題」といいます。

　　　　私たちの社会はこの問題を市場という仕組みを使って解決することを原則としています。そこでこの章では，資源配分問題を考えるときに必要な用語や概念を説明しておきましょう。

1.1 生産と消費と資源

●財・サービスの定義

はじめに，経済学における財とサービスを定義しておきましょう。経済学ではモノを財と呼びます。それに対して，サービスとは次のようなものをいいます。たとえば，鉄道で通学・通勤する場合，私たちは電車という財を買っているのではなく，ある時間，ある場所から他の場所に移動するために鉄道を利用しているだけです。このとき，私たちは鉄道サービスを消費しているといいます。

財は目に見えるものですが，サービスは目に見えるものではありません。本書では，モノとサービスを財・サービスと呼びますが，誤解の恐れがないときには，財・サービスを単に財と呼ぶことにします（図1.1）。

財・サービスには，私たちの消費の対象になるものとならないものとがあります。

たとえば，さまざまな食料品や衣料品や電化製品などは，消費の対象になる財です。このような消費の対象になる財を消費財といいます。皆さんが通勤・通学時に利用する鉄道サービスも消費財です。また，携帯電話で話すときに皆さんが消費しているのは携帯電話サービスで，これも消費財です。

それに対して，企業が財の生産のために用いている機械や工場や事務所などは，消費の対象にはなりません。財を生産するための機械や工場なども財の一種です。そこで，このような財を生産するための財を消費財と区別して，資本財と呼びます。

消費財であるか資本財であるかは，財が消費の対象になっているか，生産のために利用されているかの違いによります。たとえば，私たち消費者が自動車を利用する場合の自動車は消費財ですが，企業が財を生産するために自動車を利用する場合には，その

財＝モノ
サービス

消費財

資本財

図1.1 財とサービスの違い

財：スーパーマーケットでの食材の購入

サービス：レストランでの飲食サービス

自動車は資本財になります。たとえば，宅配便サービスを供給する企業にとって，トラックは資本財です。

● 生産と消費の分離

　私たちの社会は，生産・消費の主体と場所が原則として分離している点に特徴があります。経済学では，生産する経済主体を企業，消費する経済主体を家計と呼びます。

　日本も農業や漁業が主たる産業だった時代は，企業と家計が未分離でした。農業や漁業は消費主体である家族や親類といった家計によって営まれていました。この場合の生産の主体を個人企業と呼びます。

　今日でも，農業や漁業は個人企業によって営まれ，家計と企業とが未分離である例が多いのですが，製造業やサービス産業などに見られるように，多くの財は生産に特化した企業によって生産されています（図1.2）。ここで「特化」とは，特定の1つのテーマに専門化をすることを意味します。

企業

家計

特化

1　希少性と資源配分

図1.2　生産と消費の分離

職場に急ぐサラリーマン（東京・丸の内）
〈消費の場と生産の場が不一致〉

合掌家屋の前の田植え（岐阜・白川村）
〈消費の場と生産の場がほぼ一致〉

毎日新聞社提供

　　　　　　　一方，家計は消費の主体であると共に，企業に出かけて働き，それによって所得を得ようとする主体でもあります。家計が企業で働くことを，労働サービスを企業に供給するといいます。

労働サービスの供給

●市場経済における特化と交換

　私たちの社会では，企業は生産に特化し，多くの家計は消費と労働サービスの供給に特化しています。このとき，企業と家計とは2つの財・サービスを交換しています。

財・サービスと貨幣の交換

　第1は，企業が生産した財・サービスと家計のお金との交換です。つまり，家計は企業が生産した財・サービスをお金を支払って購入します（図1.3）。このときのお金を経済学では貨幣と呼びます。

市場

　こうした交換が行われる特定の場，または交換のプロセスが生じている抽象的な場を市場といいます。特定の交換の場としては，魚や野菜・果物などを売買する卸売市場があります。しかし，交換がそうした特定の場所で行われることはむしろ例外です。通常

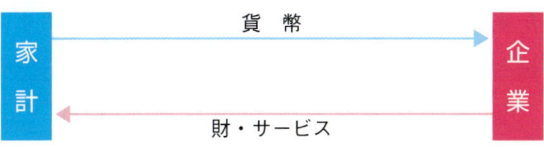

図 1.3　生産物市場の交換

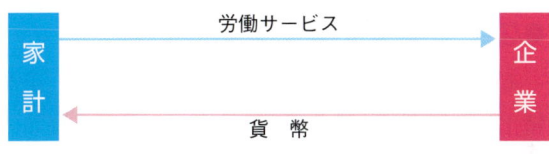

図 1.4　労働市場の交換

の交換は需要者と供給者とが出会うさまざまな場所で行われており，明確な形では組織されていません。たとえば，インターネットを利用して，旅行契約が結ばれたり，さまざまな財が購入されたりしていますが，そうした交換も市場での交換の一種です。

市場経済　　財・サービスの交換が市場で行われる経済を，市場経済といいます。日本は原則として財・サービスの交換は市場で行われていますから，市場経済です。

上で，「原則として」と述べたのは，第 5 章で述べるように，日本には市場を利用しない財の交換も存在しているからです。

労働サービスと貨幣の交換　　企業と家計のもう一つの交換は，労働サービスと貨幣の交換です。家計は労働サービスを企業に供給して，それとの交換に貨幣を取得します。企業は家計から労働サービスを購入しますが，それとの交換に，家計に貨幣を支払っています。企業と家計が労働

労働市場　　サービスを交換する市場を労働市場といいます（図 1.4）。

以上から分かるように，交換が行われるのは特化のせいです。これは特化のないケースを考えれば明らかです。

たとえば，家計が同時に企業として米を生産していれば，家計

1　希少性と資源配分　　5

は自分が生産した米を消費できます。したがって，他人が生産した米を市場で貨幣と交換に手にする必要はありません。またこの場合は，家計は米を生産する企業としての自分自身に労働サービスを供給していることになります。すなわち，このケースでは，家計は他の企業に対して貨幣と交換に労働サービスを供給しているわけではありません。

●なぜ特化するのか

上の例では，家計は労働サービスの供給に，企業は財の生産に特化しています。その場合，家計はあらゆる種類の労働サービスを供給するわけではなく，職業に応じて異なった種類の労働サービスの供給に特化しています。また，企業もどんな財でも生産するわけではなく，ある特定の財の生産に特化するのが普通です。それでは，なぜ，家計は特定の労働サービスの供給に，企業は特定の財の生産に特化するのでしょうか。

時間の節約

家計が職業に応じて異なった種類の労働サービスの供給に特化する第1の理由は，時間が限られているからです。確かに，昼間はオフィスで経理の仕事をし，夜間はレストランで給仕の仕事をするといった人もいますが，時間が限られている以上，一定の時間内にいくつもの種類の労働サービスを供給することは困難です。

労働生産性の向上

しかし，家計が特定の労働に特化する理由はそれだけではありません。特定の労働サービスに特化すると，その仕事に習熟するために多くの時間を割くことができるため，短い時間でより多くの財・サービスを生産できるようになります。これを特化によって労働生産性が上がるといいます。労働生産性が上がれば，それだけ高い賃金を得られる可能性が高まります。そのため，家計は自分が最も得意とする労働に特化しようとします（図1.5）。

企業が特定の財の生産に特化するのも，できるだけ安い費用で

図 1.5　何に特化をすればよいか

より多くの財を生産して，利益を得ようとするからです。たとえば，トヨタ自動車や本田技研工業は自動車の生産に特化しています。それは自動車の生産に特化することによって，自動車を生産するための知識が蓄積され，その技術も進歩するからです。自動車生産の技術が進歩すれば，生産性が向上しますから，安くてよい自動車を生産して，その売り上げを伸ばして大きな利益を上げることができるようになります。

生産の知識と技術の利用

一方，松下電器産業やシャープ株式会社などの家電メーカーは，ただ一種類の家電製品の生産に特化するのではなく，パソコン，テレビ，エアコン，冷蔵庫などの複数の家電製品の生産に特化しています。これはこれらの複数の家電製品の生産に共通する知識や技術が存在するためです。たとえば，パソコンの液晶画面の製造技術はテレビの液晶画面の生産にも応用できます。

●特化と分業

家計がある職業に従事して、自分の労働サービスの供給先をある特定の財の生産のために特化すると、他の財を生産することはできなくなります。しかし、家計は生命を維持するためだけでなく、生活を楽しむためにも、さまざまな消費財を必要としています。

そこで、家計は労働サービスの対価として受け取った貨幣を使って、自分が必要とするさまざまな財を購入しようとします。これは自分が必要とする財と貨幣との交換に他なりません。

特化は交換が前提

このように、特化は交換を前提にして始めて成立します。もしも交換によって財を手に入れることができなければ、家計は必要なものをすべて自分で生産しなければなりません。しかし、家計が何でも生産しなければならない社会では、特化によって知識を蓄積し、技術を進歩させることが難しいため、どの財の生産についても生産性は低くなってしまいます。

それに対して、市場経済では、ある家計は自動車会社で働き、ある家計は家電製品会社で働くといったように、家計はそれぞれ仕事を特化しています。このように、家計が異なった財を生産する企業で働くことによって、一つの社会がさまざまな財を生産することを分業といいます。

分業
企業の中の分業

分業は同じ企業の中でも生じます。自動車会社では、労働者は車体、エンジン、ブレーキなど各部品の生産に特化して働いています。こうした一つの組織内の特化に基づく分業によって生産されたさまざまな部品が組み立てられて、自動車が生産されます。

特化と分業は世界的にも行われています。たとえば、農業国は農産物の生産に特化し、工業国は工業製品の生産に特化し、各国はそれぞれが生産した財の一部を他の国が生産した財と貿易を通じて交換しています。これを国際分業といいます（図1.6）。

国際分業

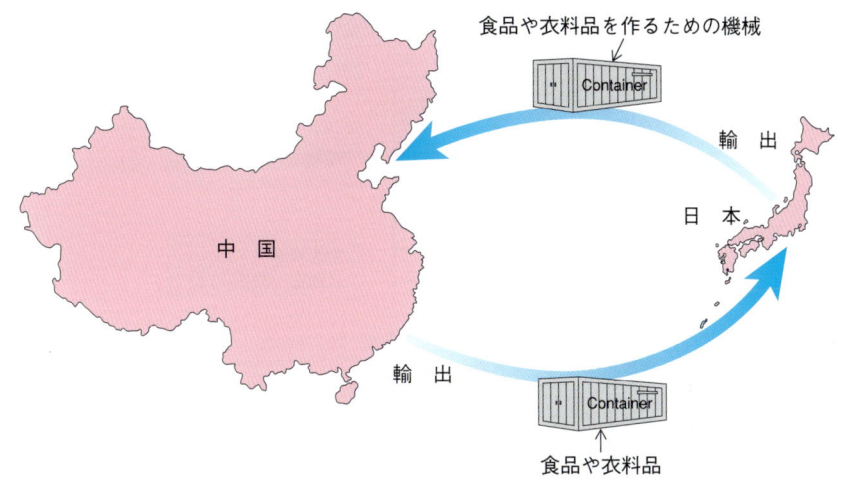

図1.6 中国と日本の国際分業の例

日本は機械の生産に特化し，中国は食品や衣料品の生産に特化する。

●財の生産と資源

さて，これまでの例では，企業は家計から労働サービスを購入して，財を生産すると述べました。しかし，一般に，労働サービスだけでは，財を生産することはできません。

たとえば，企業が自動車を生産するケースを考えてみましょう。自動車は何万点もの部品から構成されています。したがって，自動車を生産するためには，さまざまな部品とそれらの部品を組み立てる機械が必要です。自動車工場とその工場を建てる土地も必要になります。

経済学では，機械や土地のような，財やサービスを生み出すために必要とされる全ての財やサービスを資源と呼びます。

資源の分類

①土地と天然資源

第1の資源は「土地」とその他の自然によって供給される石油・鉱石・森林・魚類などの「天然資源」です。

②労働

第2の資源は「労働」です。労働とは人間の精神的・肉体的

図 1.7　生産要素

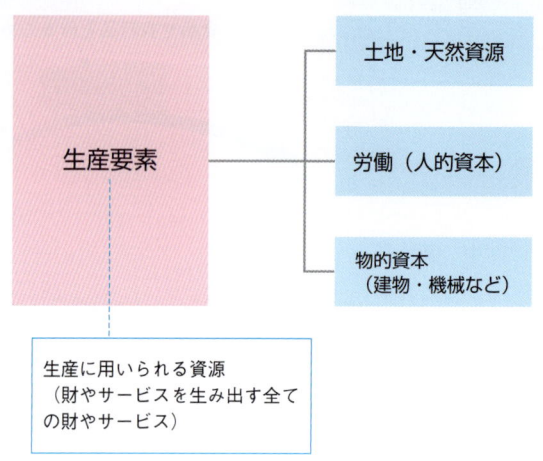

な生産的努力を指します。一国の労働の量を決定する基本的な要因は人口です。しかし，人口の全てが生産に従事しているわけではありません。通常，16 歳から 65 歳までの人口を生産年齢人口と呼びます。しかし，生産年齢人口に属していても，高等教育を受けている人や家事に従事している人は，その生産物が市場で取引されるような生産に従事していません。そこで，実際に生産に従事している人口を「労働力」とか「労働人口」といい，全体の人口のうちの労働人口の比率を「労働参加率」といいます。

　第 3 の資源は，建造物（工場や事務所など）や設備や機械など，人間の生産活動によって生産された資源で，「資本」と呼ばれます。資本という言葉には，資金という意味もあります。日常用語では，資本とは後者の意味で，「お金」のことを指しています。そこで，資源としての資本と資金（あるいはお金）としての資本との混同を避けようとするときには，資源としての資本を資本財または実物資本あるいは物的資本と呼びます。

　経済学では，以上のような生産に用いられる資源を「生産要素」と呼びます（図 1.7）。

1.2 市場と資源配分

●最大限生産可能な財の組合せ

一国がある時間内に消費財や資本財などの財の生産のために利用できる資源には限りがあります。そのため、一国がある時間内に生産できる財の量と種類にも限りがあります。

> 資源には限りがある

たとえば、第2次世界大戦中、日本は大砲、戦艦、軍用機などの軍需品を生産するために、限られた土地や、工場や鉄鋼やアルミ製品などの資本（実物資本）、及び労働を軍需工場に集中させました。そのため、食料や衣料といった日常品の生産に回せる資源が少なくなり、国民は耐乏生活を強いられました。つまり、限られた資源を軍需品の生産のために配分すれば、日用品の生産に配分する資源を減らさなければならず、その結果、日用品の生産は減少するということです。このように、さまざまな資源をどのような財の生産のために利用するかという問題を、「資源配分問題」といいます。

> 資源配分問題

資源配分問題を理解するために、さまざまな財を農業製品と工業製品とに大別して考えてみましょう。

経済学では、このように財の種類を2種類に限定したり、世界の国を2つの国から構成されると考えたりすることがあります。これは現実的ではありませんが、話を分かりやすくするために、2次元の図を用いて説明するための便法であることに注意しておきましょう。3財以上や3つの国以上を明確に視野に入れて説明するためには、3次元以上を扱う数学が必要になります。そうした高度な数学を用いる説明は、本書よりも上級のテキストを参照してください。

> 最大限生産可能な財の組合せ

表1.1は、ある経済が限られた資源で1年間に最大限生産できる農業製品と工業製品との組合せを示したものです。より具体的なイメージを持ちたい読者は、農業製品としては米を、工業製

1 希少性と資源配分

表1.1 最大可能な生産量の組合せ

農業製品	工業製品
15	0
14	1
12	2
9	3
5	4
0	5

品としてはテレビを念頭に置いてください。

表1.1では，すべての資源を農業に配分すると，農業製品を15単位生産できることを示しています。このとき，工業への資源配分はゼロですから，工業製品の生産もゼロです。

工業製品の生産をゼロから1単位に増やすためには，農業への資源配分を減らし，工業への資源配分を増やさなければなりません。そのため，農業製品の生産は15単位から14単位に減少します。

さらに，工業製品の生産を1単位から2単位に増やすためには，農業製品の生産を14単位から12単位へと2単位減らさなければなりません。これは，工業製品を1単位から2単位に増やすためには，それを0単位から1単位に増やすときよりも多くの資源を農業製品の生産から工業製品の生産に配分しなければならないと考えられるからです。

表1.1は，すべての農地を工業用地に転用し，すべての労働者やその他の資源を工業製品の生産に配分した場合には，工業製品を最大限5単位生産できることを示しています。この場合には，農業製品の生産のために配分される資源はゼロですから，農業製品の生産もゼロになります。

図1.8 生産可能性曲線

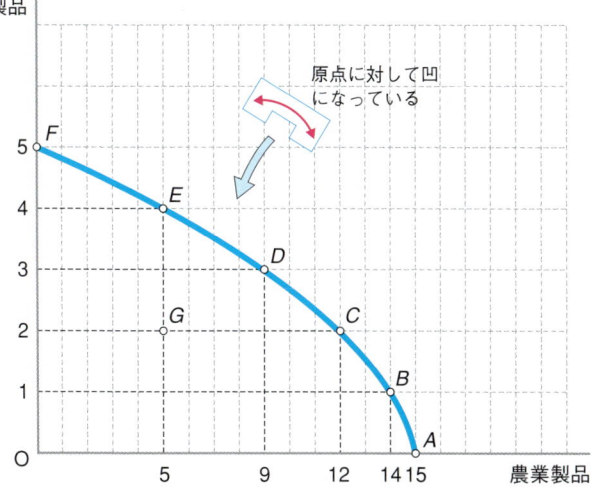

●生産可能性曲線

図1.8の原点に対して凹な曲線 ABCDEF は，表1.1に示されている生産可能な農業製品と工業製品の組合せを示したもので，生産可能性曲線と呼ばれます。

この曲線は次のことを示しています。

① この社会が限られた資源で生産できる財の量には限りがある。
② 一方の製品の生産を増やすためには，他方の製品の生産を減らさなければならない。
③ 一方の製品の生産を増やしていくにつれて，他の財の生産をより多く減らさなければならない。

②と③の性質について説明しておきましょう。②は，限られた資源で，ある財の生産を増やそうとすると，他の財の生産を犠牲にしなければならないことを意味しています。このとき，資源は希少であるといいます。

1 希少性と資源配分

それに対して、③は、ある財（たとえば、図の工業製品）の生産を増やしていくにつれて、減らさなければならない他の財（図では、農業製品）は増えていくことを意味します。生産可能性曲線が原点に向かって凹になっているのはこのためです。

なぜ凹になるか

生産可能性曲線が原点に対して凹になるのは、ある財の生産のためにさまざまな資源を投入するにつれて、資源の生産性が次第に低下するからです。

たとえば、農業に配分されていた土地や労働や資本を工業に配分していくにつれて、工業製品の生産に適した土地、労働及び資本の組合せを選ぶことは難しくなります。それは、工業製品の生産のためには、農業製品の生産に比べて、土地よりも労働や資本をより多く必要とするからです。したがって、工業製品の生産を増やすために、資源配分を農業から工業に移していくにつれて、土地に比べて労働や資本が不足するようになります。その結果、資源配分を農業から工業に移していくにつれて、工業製品を増やすことは次第に難しくなります。

●効率的な資源配分

ここで、ある社会が図 1.8 の点 G で示されるような農業製品と工業製品とを生産している場合を考えてみましょう。

このケースでは、G から生産可能性曲線上の CDE の範囲の点に移動することによって、農業製品も工業製品も共に生産を増やすことができます。社会が図の点 G のような生産の組合せを選択しているのは、資源の使い方が適切でないからです。

たとえば、農業にも工業にも従事していない労働者が存在するといったケースです。これでは、経済は希少な資源を十分に活用していないことになります。

生産可能性曲線上の点は効率的資源配分を実現

それに対して、図の生産可能性曲線上の点では、限られた資源で最大限生産可能な農業製品と工業製品の組合せが選択されてい

ます。すなわち，生産可能性曲線の上では，工業製品の生産を増やすためには，農業製品の生産を減らさなければなりません。このように，一方の生産を増やすためには，他方の生産を減らさなくてならないような生産の組合せが選択されているとき，「さまざまな資源が効率的に各財の生産に配分されている」といいます。

それに対して，生産可能性曲線の内側の点では，一方の財（たとえば，工業製品）の生産を増やすために，他方の財（たとえば，農業製品）の生産を減らす必要はありません。つまり，資源を両方の財の生産のためにうまく配分すれば，両方の財の生産量を増やす余地があるわけです。この場合，資源配分は非効率であるといいます。

<small>非効率な資源配分</small>

ある社会が，ある財の生産を増やすためには，他の財の生産を減らさなければならないとき，その社会にとって何らかの資源が希少になっています。社会がこの意味で希少な資源を効率的に使って，生産可能性曲線上の生産の組合せを選択しているとき，その社会は望ましい資源配分を達成しているといえます。

<small>競争的な市場による資源の効率的配分</small>

実は，競争的な市場には，社会に生産可能性曲線上の生産の組み合わせを選択させるメカニズムが存在します。すなわち，競争的な市場には効率的な資源配分をもたらすメカニズムが存在しているのです。この点は本書の最後の参考文献に示された3の(1)を参照してください。

●所有権と使用権の確立

市場経済はさまざまな経済主体間における財の交換から成立しています。財の交換が成立するためには，財の所有権が法的に確立していなければなりません。市場経済では，多くの財について私的所有権が確立しています。

<small>私的所有権</small>

ある財について私的所有権を持った主体は，その財を自分で使用し，他の主体の使用を排除する権利を持っています。また，所

使用権

有している財を貨幣と交換に他の主体に売却したり，その財を一定期間使用する権利（使用権）を他の主体に貨幣と交換に与えたりすることもできます。

ただし，使用するそばから財が消滅してしまう非耐久的な財については，使用権と所有権は事実上一致し，分離できません。

価格差の発生

私的所有権制度の下では，財（たとえば，土地を念頭に置いてください）を買ったときよりも財を売ったときの価格が高ければ，その価格差は所有権者の所得になります。また，所有権者は財の使用権を他人に与えることによって報酬を得ることもできます。たとえば，所有している家屋を一定期間他人に使用する権利を与えれば，家賃を得ることができます。

私的所有権制度の確立は資源の効率的配分をもたらす

私的所有権制度の法的確立によって，財の交換が可能になると，その財をより効率的に利用する主体に財の所有権が渡るため，資源配分が効率的になる可能性があります。

たとえば，土地を所有している人がその土地を使用するよりも，自動車会社がその土地を買って所有権を獲得し，その土地に工場を建設して，自動車を生産した方が，消費者の利益が増進する場合があります。この場合，その土地は所有権が貨幣との交換によって自動車会社に渡ることによって，効率的に使用されたことになります。

所得格差

しかし，私的所有権制度は財の所有権を持っている人と持っていない人との間の所得格差をもたらす要因でもあります。そのため，市場経済では，私的所有権制度によってもたらされた所得格差を，政府が縮小しようとする所得再分配政策が採用されることがあります。所得再分配政策は第5章で説明します。

◆ 練習問題

次のカッコ内を適切な言葉で埋めて，経済学的に意味のある文章にしなさい。

(1) ある財の生産量を増やそうとすると，その他の財・(ア)の生産量を減らさなければならないとき，生産するための(イ)は(ウ)であるという。(ウ)な(イ)をどのような財・(ア)の生産にどれだけ割り当てたらよいかという問題を，(エ)問題という。

(2) (オ)経済では，企業は生産に(カ)し，多くの家計は消費と(キ)サービスの供給に(カ)している。

(3) 企業が特定の財・(ア)の生産に(カ)するのは，(ク)を引き上げて，安くてよい財・(ア)を生産して，売り上げを伸ばし，大きな利益を上げようとするからである。

(4) 生産のために利用される(イ)は，(ケ)・天然資源，(コ)，及び(キ)に分類される。

(5) ある経済社会が一定の(イ)を利用して，最大限生産出来る財・(ア)の組み合わせを，2つの財・(ア)について示した曲線を(サ)という。

(6) 生産が(サ)の上で行われているとき，(シ)は(ス)であるという。

(7) (カ)は(セ)を前提にしているが，(セ)がスムーズに行われるためには財の(ソ)が確立していなければならない。

(8) (タ)(ソ)制度によってもたらされた所得格差を，政府が縮小しようとする政策を(チ)政策という。

第2章

需要と供給

- 2.1 需要と価格
- 2.2 需要曲線のシフト（移動）
- 2.3 供給と価格
- 2.4 供給曲線のシフト（移動）

　市場経済では，ある財またはサービスがどれだけ生産されるかは，その財・サービスの需要と供給が等しくなるように決まります。生産量が決まれば，その財の生産のためにどのような資源がどれだけ投入されるかも決まります。つまり，生産量と資源配分は同時に決定されます。

　この章では，消費財を例にとって需要と供給を決定する要因にはどのようなものがあるかを検討します。

2.1 需要と価格

●需要法則

消費財としてりんごを例にとりましょう。りんごを需要する経済主体としては，りんご生産農家からりんごを仕入れるスーパーのような小売店と，スーパーなどからりんごを買う消費者とが考えられますが，ここでは，消費者を想定しましょう。

<small>需要とは</small>　消費者のりんごに対する需要とは，おカネを支払ってりんごを買おうとする意思を表す言葉です。この意味で，需要は「おカネを支払う意思のない「欲望」や「必要」とは異なる概念であることに注意しておきましょう。

<small>需要の決定要因</small>　それでは，消費者のりんごに対する需要はどのような要因に影響されるでしょうか。

第 1 に考えられる要因は，りんごの価格です。りんごの価格が安くなれば，消費者はより多くのりんごを需要するでしょう。表 2.1 は 2 人の消費者について，りんごの価格と需要量との関係を示したもので，需要表といいます。

<small>需要表</small>　りんご好きの A さんはりんごの価格が 1 個 600 円では買おうとしませんが，500 円になれば 1 個だけ買おうとします。しかし，B さんは 300 円まで下がらないと買いません。二人とも，300 円より安くなるにつれてりんごの需要量は増えていきます。

<small>価格は縦軸，需要量は横軸</small>　図 2.1 と図 2.2 はりんごの価格を縦軸に，りんごの需要量を横軸にとって，表 2.1 のりんごの需要表をもとに 2 人の消費者のりんごの需要量とりんごの価格とをプロットしたもので，個別需要曲線といいます。A さんの需要曲線も B さんの需要曲線も右下がりになっており，りんごの価格が下がるほどりんごの需要量は増えることを示しています。この「りんごの価格と需要量の負の相関関係」を需要法則といいます。

<small>個別需要曲線</small>

<small>需要法則</small>

ただし，例外的ですが，財・サービスの中には，価格が下がる

表 2.1　りんごの需要表

価格	家計 A の需要量	家計 B の需要量	A と B の需要量の合計
600 円	0 個	0 個	0 個
500	1	0	1
400	2	0	2
300	4	1	5
200	6	3	9
100	8	5	13

図 2.1　A のりんごの需要曲線

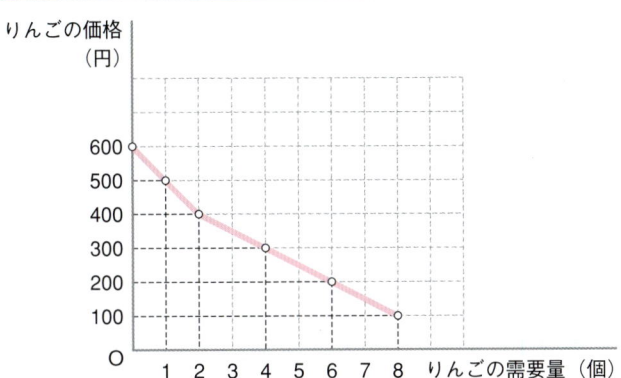

図 2.2　B のりんごの需要曲線

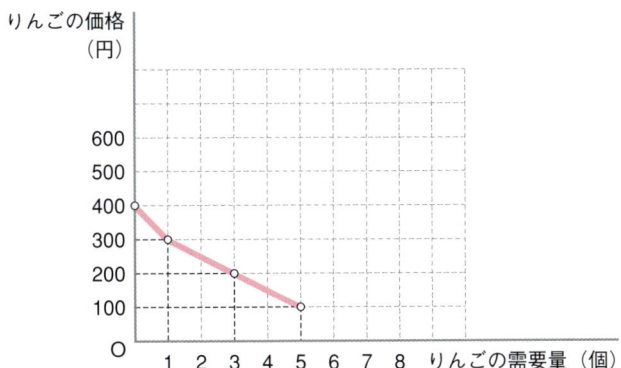

と需要量が減少するものが存在する可能性があります。

●市場需要曲線

　仮に，ある社会にりんごの需要者がAさんとBさんしかいなければ，その社会全体のりんごの需要表は表2.1の第4列目のAさんとBさんの需要量の合計になります。

　図2.3はAさんとBさんのそれぞれの個別需要曲線と，2人の需要量を合計した社会全体の需要曲線Dとを示したものです。社会全体の需要曲線を市場需要曲線といいます。表2.1の需要表から分かるように，市場の需要量は，同じ価格について，2人の需要量を合計したものです。したがって，市場需要曲線は2人の個別需要曲線を水平方向に合計したものになります。個別需要曲線が右下がりであれば，市場需要曲線Dも右下がりになります。

　図2.3から，市場需要曲線が右下がりになるのは，次の2つの理由によることが分かります。

　第1は，価格が下がると，各々の消費者の需要が増えるという理由です。

　第2は，価格が下がると，当該の財を買おうとする消費者が増えるという理由です。図2.3では，りんごの価格が300円を超えると，りんごを買う消費者はAさんしかいませんが，300円以下になればBさんもりんごを買うようになります。

　上では，りんごの需要者は社会に2人しかいないと仮定しましたが，りんごの需要者が社会に何人いても，上で述べたりんごの個別需要曲線とりんごの市場需要曲線との関係が成立します。すなわち，りんごの市場需要曲線はすべての個別需要曲線を水平方向に合計したものになり，個別需要曲線が右下がりであれば，市場需要曲線も右下がりになります。

　なお以下では，誤解の恐れがない限り，市場需要曲線を単に需

図 2.3 りんごの個別需要曲線と市場需要曲線

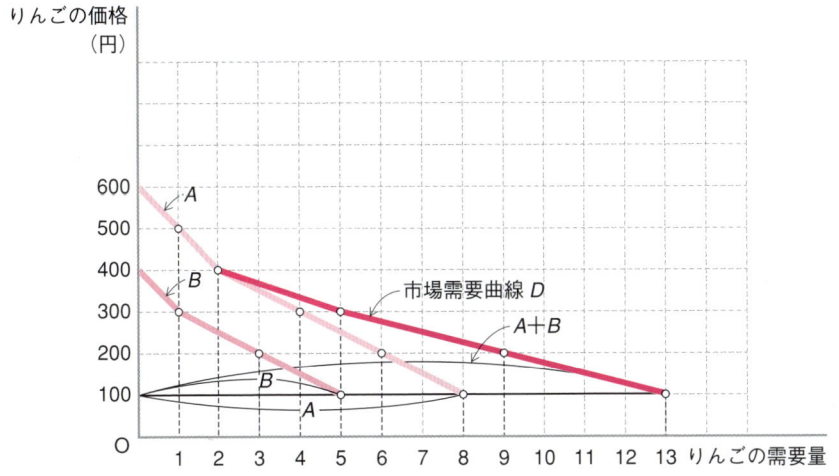

要曲線といいます。

2.2 需要曲線のシフト（移動）

　前節では，りんごの需要曲線を導きました。その際，明示的には述べませんでしたが，実は，りんごの需要曲線を導くときには，りんごの需要に影響する価格以外の要因（または，条件といいます）はりんごの価格が変わってもすべて一定で変化しないと仮定しています。

他の条件一定の仮定

　そこでこの節では，前節で一定と仮定した要因のうちで，りんごの需要に大きな影響を及ぼす要因を取り出し，それらの要因が変化したときに，りんごの需要がどのように変化するかを説明しましょう。

●みかんの価格の変化──代替財の価格の変化

これまで一定と仮定した要因のうちで，りんごの需要に大きな影響を与える要因の一つは，りんごと代替関係にある財の価格変化です。

代替関係にある財があるとどうなるか

たとえば，りんごの価格を一定として，みかんの価格が下がれば，これまでりんごを買っていた消費者の中にはりんごの需要を減らして，みかんの需要を増やす人がいるでしょう。逆に，りんごの価格を一定として，みかんの価格が上がれば，みかんの需要を減らして，りんごの需要を増やす人がいるでしょう。

このように，「財Xの価格を一定として，財Yの価格が低下（上昇）すると，財Xの需要が減少（増加）するとき，財Xと財Yは代替財である」といいます。

代替財

図 2.4 はりんごの価格を一定として，みかんの価格が下がったときに，りんごの需要曲線がどのように変化するかを示したものです。

みかんの価格が1個50円のときのりんごの需要曲線を D_0 とします。このとき，りんごの価格が300円のときと200円のときのりんごの需要量はそれぞれ Q_2 と Q_3 です。

ここでみかんの価格が25円に低下したとしましょう。りんごの価格が300円のままで，みかんの価格が25円に低下すると，りんごの需要量は Q_2 から Q_0 に減少するとしましょう。一方，りんごの価格が200円のままで，みかんの価格が25円に低下すると，りんごの需要量は Q_3 から Q_1 に減少するとします。

上では，りんごの価格が300円と200円のときに，みかんの価格が50円から25円に下がったときに，りんごの需要量がどのように減少するかを説明しました。このりんごの需要量の減少は，りんごの価格が300円と200円以外であっても生じます。

需要曲線の移動

上で述べたことを，需要曲線の移動という概念を用いて説明しておきましょう。みかんの価格が50円で，りんごの価格が300

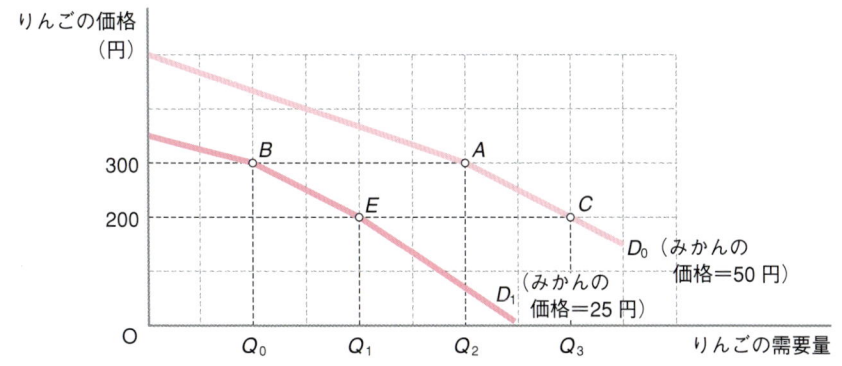

図 2.4 みかんの価格の変化とりんごの需要曲線のシフト——代替財の価格変化

円であれば，りんごの価格と需要量の組合せは需要曲線 D_0 上の点 A で示されます。ここで，りんごの価格が 300 円のままで，みかんの価格が 25 円に低下するとしましょう。このみかんの価格の低下により，りんごの価格と需要量の組合せは需要曲線 D_1 上の点 B へと左に移動します。

一方，みかんの価格が 50 円で，りんごの価格が 200 円であれば，りんごの価格とりんごの需要量の組合せは需要曲線 D_0 上の点 C で示されます。つぎに，りんごの価格が 200 円のままで，みかんの価格が 25 円に低下すると，りんごの価格とりんごの需要量の組合せは需要曲線 D_1 上の点 E へと左に移動します。

読者はりんごの価格が 300 円と 200 円以外のときにも，みかんの価格が 50 円から 25 円に低下すると，りんごの価格とりんごの需要量の組合せを示す点は，需要曲線 D_0 上のある点から需要曲線 D_1 上のある点へと左に移動することを確かめてください。

以上から，みかんの価格が低下すると，りんごの需要曲線は D_0 から D_1 へと左に移動することが分かります。この移動は「シフト」ともいいます。

シフト

逆に，みかんの価格が 25 円から 50 円に上昇するときには，

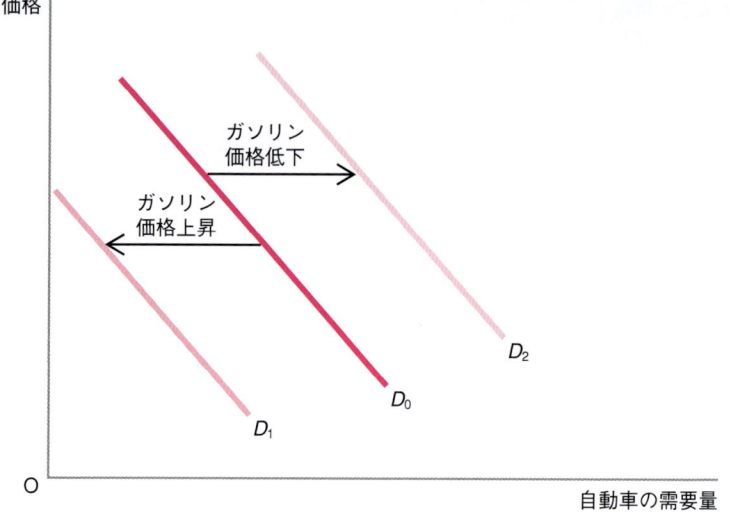

図2.5 ガソリンの価格の変化と自動車の需要曲線のシフト──補完財の価格変化

りんごの需要曲線は D_1 から D_0 へと右にシフト（移動）します。

● 補完財と需要

上では，みかんの価格が低下（上昇）すると，りんごの需要量は減少（増加）することを説明しました。それに対して，ある財の価格が低下（上昇）すると，当該の財の需要量が増加（減少）する場合があります。

たとえば，ガソリンの価格が低下（上昇）すると，自動車の需要は増加（減少）するでしょう。これは自動車を利用する場合には，ガソリンが必要だからです。「財 X の価格を一定として，財 Y の価格が低下（上昇）すると，財 X の需要量が増加（減少）する場合，財 X と財 Y は補完財である」といいます。

補完財

自動車の価格を一定として，ガソリンの価格が低下（上昇）すると，自動車の需要量は増加（減少）しますから，自動車の需要曲線はガソリンの価格が低下（上昇）すると，右（左）にシフト

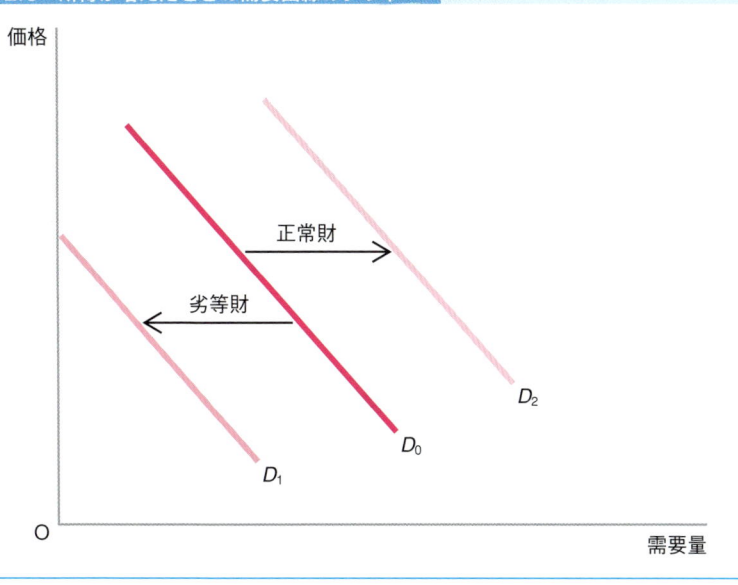

図 2.6 所得が増えたときの需要曲線のシフト

[価格-需要量のグラフ: D_0（中央）、正常財→ D_2（右シフト）、劣等財← D_1（左シフト）]

とします（図 2.5）。

補完財の例としては，コーヒーと砂糖，ご飯とふりかけ，パソコンとパソコン・ソフト，パソコンとプリンターなど同時に消費されることの多い財が挙げられます。

● 所得と需要

所得の影響

消費財に対する需要は消費者の所得にも影響されます。たとえば，消費者の所得が増えれば，りんごやみかんなどの果物の需要は増えるでしょう。逆に，消費者の所得が減れば，果物の需要は減ると考えられます。

正常財・上級財

このように，「消費者の所得が増加（減少）すれば，需要が増加（減少）する財」を正常財または上級財といいます。

正常財の需要は消費者の所得が増加（減少）すれば，増加（減少）しますから，その需要曲線は消費者の所得が増加（減少）すると，右（左）にシフトします（図 2.6）。

[2] 需要と供給

財の中には消費者の所得が増えると，需要が減ってしまうものがあります。たとえば，消費者の所得が増えると，デジタル・テレビを買う消費者が増えるため，アナログ・テレビの需要は減ると考えられます。

このように，「消費者の所得が増えると，需要が減少する財」を劣等財または下級財といいます。

劣等財・下級財

劣等財の需要曲線は消費者の所得が増加（減少）すると，左（右）にシフトします。

● その他の需要に影響する要因

消費財の需要は上に述べた要因以外の要因が変化することによっても変化します。

天候の影響

たとえば，需要が天候に左右される財があります。猛暑になれば，ビールや海水浴やプールでの水遊びなどに対する需要は増えるでしょう。この場合，これらの財・サービスの需要曲線は右にシフトします。逆に，冷夏のケースでは，これらの需要は減りますから，需要曲線は左にシフトします（図 2.7）。

情報の影響

テレビや広告で，各種のビタミン剤にガン予防効果があるという情報が流れると，各種のビタミン剤に対する需要は増える傾向があります。

逆に，喫煙に発ガン効果があるという研究が発表されると，タバコの需要は減少するでしょう。

● 需要曲線に関するまとめ

需要曲線は財の価格と需要量の関係を示し，通常は，右下がりになります。

需要曲線は財の需要に影響を与える当該の財の価格以外の要因を一定として，当該の財の価格だけが変化したときに，その財に対する需要量がどのように変化するかを示すものです。

図 2.7 天候と需要曲線のシフト

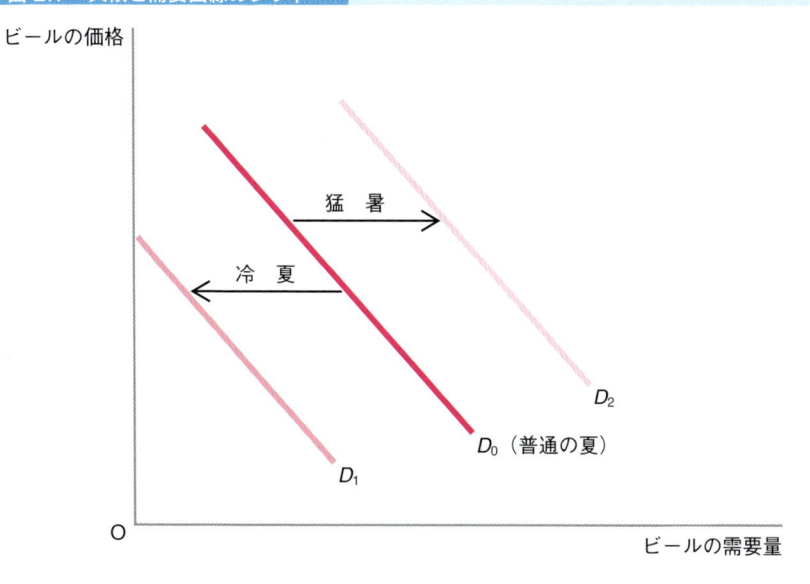

ビールの価格

猛　暑 →
← 冷　夏

D_2
D_0（普通の夏）
D_1

O　　　　　　　　　　　　　　　　　　ビールの需要量

表 2.2 需要曲線のシフト（まとめ）

要　因	シフトの方向
代替財の価格の低下（上昇）	左（右）
補完財の価格の低下（上昇）	右（左）
所得の増加　（減少）	正常財　右（左） 劣等財　左（右）

　　　需要に影響する当該の財の価格以外の要因の変化は，需要曲線の右または左へのシフト（移動）で示されます。シフトの方向をまとめておくと，表 2.2 のようになります。

[2] 需要と供給　　29

2.3 供給と価格

●供給法則

財の供給

前節で，需要曲線と需要に影響する要因について説明しましたので，次に，財の供給に影響する要因について考えましょう。

財の供給に影響を与える第1の要因は，その財の価格です。りんごの価格が上がれば，りんごを作るといままでよりも利益が増えます。そこで，りんご生産農家はりんごの作付面積を増やして，りんごの供給量を増やそうとするでしょう。いままで他の作物を作っていた農家の中にもりんごを作ろうとする農家が増えると考えられます。

逆に，りんごの価格が下がれば，りんごを作ってもいままでよりも利益が上がらなくなりますから，りんご生産農家はりんごの作付面積を減らして，りんごの供給量を減らそうとするでしょう。りんごの価格が大きく下がると，りんごの出荷費用さえまかなえなくなるため，りんご生産農家はりんごを腐るに任せて出荷しようとしなくなります。さらにりんごの価格が下がると，りんご生産農家の中には，りんごの生産をやめて他の作物を作る農家も現れるでしょう。

このようにして，りんごの供給量はその価格が上が（下が）れば，増加（減少）します。この「供給量と価格の正の相関関係」

供給法則

を供給法則といいます。

●供給表と供給法則

供給表

表2.3はりんご生産農家CとDのりんご供給量とりんごの価格との関係を示した供給表です。たとえば，りんごの価格が500円であれば，Cはりんごを700個だけ供給しようとし，Dは400個だけ供給しようとします。需要曲線の作図同様に，こ

個別供給曲線

の供給表から，りんご生産農家CとDの個別供給曲線を作図し

表 2.3　りんごの供給表

価格	農家 C の供給量	農家 D の供給量	C と D の供給量の合計
600 円	800 個	500 個	1,300 個
500	700	400	1,100
400	500	300	800
300	300	200	500
200	200	100	300
100	100	0	100

てみましょう。

　読者は図 2.8 と図 2.9 のような右上がりの個別供給曲線を作図できたでしょうか。

　表 2.3 の第 4 列目は，りんごの価格ごとに，りんご生産農家 C と D の供給量を合計したものです。図 2.10 の曲線 S は，この 2 人のりんご生産農家の供給量とりんごの価格の関係を示したものです。曲線 S は個別供給曲線を水平方向に合計して求められることを確認してください。

　仮に，市場にりんごの供給者が C と D しかいなければ，曲線 S は市場全体の供給量と価格との関係を示す市場供給曲線になります。

市場供給曲線

　個別供給曲線が右上がりであれば，市場供給曲線も右上がりになります。市場供給曲線が右上がりになるのは次の 2 つの理由によります。

価格が上がると供給量が増える

　第 1 は，個々の供給者の供給量が価格が上がるにつれて増えるからです。

価格が上がると供給者数が増える

　第 2 に，価格が上がるにつれて，供給者が増えるためです。たとえば，図 2.9 では，D はりんごの価格が 200 円未満ではりんごを供給しようとしませんが，200 円以上になれば供給するようになります。

　上では，りんごの供給者は社会に 2 人しかいないと仮定しま

2　需要と供給

図2.8 農家Cのりんごの供給曲線

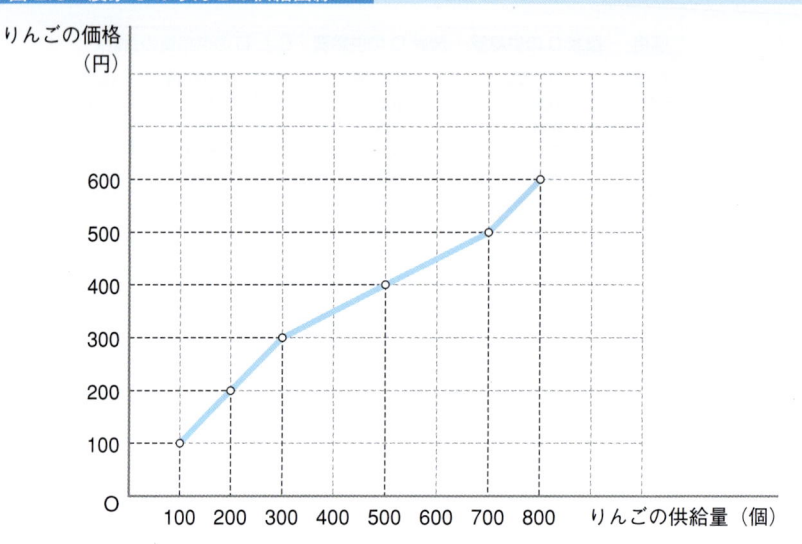

図2.9 農家Dのりんごの供給曲線

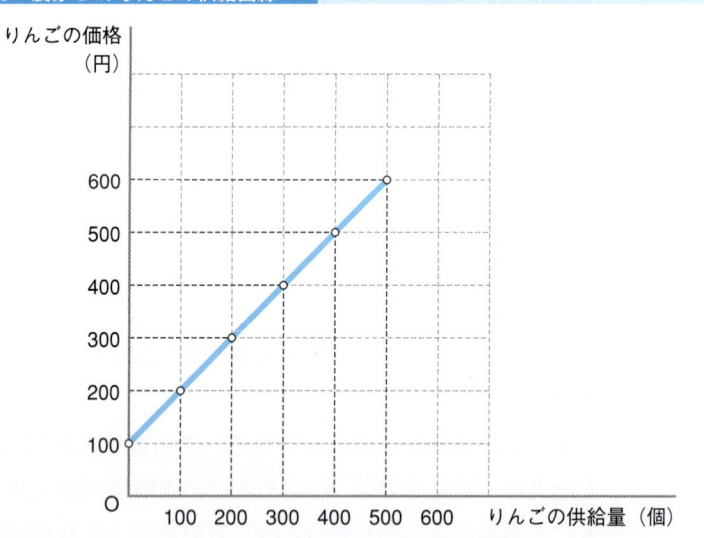

図 2.10　りんごの個別供給曲線と市場供給曲線

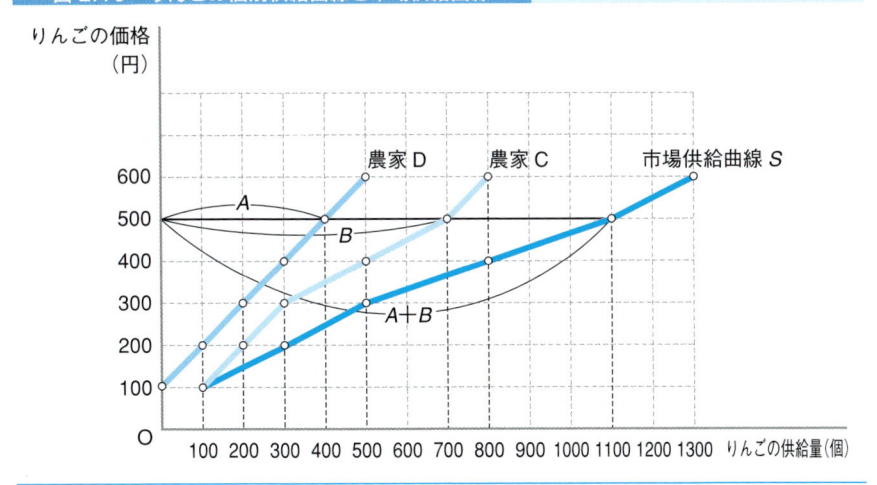

したが␣，りんごの供給者が社会に何人いても，上で述べたりんごの個別供給曲線とりんごの市場供給曲線との関係が成立します。すなわち，市場供給曲線はすべての個別供給曲線を水平方向に合計したものになり，個別供給曲線が右上がりであれば，市場供給曲線も右上がりになります。

なお，以下では，誤解の恐れがない限り，市場供給曲線を単に供給曲線といいます。

●完全競争市場と価格支配力

上では，りんご生産農家は市場でりんごの価格が決まると，その価格に応じて供給量を調整すると仮定しました。りんごの価格が市場でどのように決まるかは第 3 章で説明しますが，この仮定の下では，個々のりんご生産農家は市場で決まったりんごの価格よりも高い価格ではりんごを売ることはできません。しかし，市場で決まった価格であれば，個々のりんご生産農家はりんごを売りたいだけ売ることができます。

[2]　需要と供給

このように，個々の供給者が市場で決まった価格よりも高い価格では売ることができない場合，供給者には価格支配力がないといいます。

価格支配力がない

　いま問題にしているりんごの市場では，りんごの消費者は市場で決まったりんごの価格よりも低い価格ではりんごを買うことはできないと仮定しています。しかし，市場価格であれば買いたいだけ買えます。この場合，りんごの消費者には価格支配力はないといいます。

　このように，供給者にも需要者にも価格支配力がない市場を，完全競争市場といいます。供給者と需要者がともに多数存在する財の市場では，個々の供給者の供給量と個々の需要者の需要量はともに市場全体の取引量のごくわずかなものでしかありません。そのため，どの供給者にも需要者にも価格支配力がありません。したがって，供給者と需要者がともに多数存在する財の市場は，ほぼ完全競争市場と仮定して分析することができます。実際のりんごの市場は完全競争市場に近いと考えられます。

完全競争市場

　しかし，完全競争市場の仮定が近似的にも成立しない市場も少なくありません。たとえば，日本国内の自動車の供給者の数は少数で，そのうち何社かの供給量は市場全体の供給量のかなりの割合，すなわち，高い市場シェアを占めています。そうした市場シェアの高い自動車会社は，市場シェアの低い自動車会社の自動車とほぼ同じような自動車を市場シェアの低い自動車会社よりも高い価格で売ることが可能です。この場合，市場シェアの高い自動車会社には価格支配力があるといいます。

完全競争市場が成立しない場合

　こうした個々の供給者に価格支配力がある市場を，不完全競争市場といいます。しかし，本書は経済学の入門書ですので，完全競争市場を仮定して話を進めることにします。たとえば本書では，自動車の市場のように実際には完全競争市場の仮定が妥当しない市場も，完全競争市場と仮定しています。この仮定は現実的では

価格支配力がある
不完全競争市場

ありません。しかしそれにもかからず、そのように仮定した議論が現実の描写としてまったく不適切というわけではありません。そのことはそのように仮定する際に説明することにしましょう。

2.4　供給曲線のシフト（移動）

図 2.10 のりんごの供給曲線は、りんごの供給に影響する要因のうち、りんごの価格以外の要因はすべて一定として、りんごの価格だけが変化したときにりんごの供給量がどのように変化するかを示したものです。

他の条件一定の仮定

そこでこの節では、前節で一定と仮定した要因のうちで、りんごの供給に影響を及ぼす要因を取り出し、それらの要因が変化したときに、りんごの供給がどのように変化するかを説明しましょう。

●りんごの生産・出荷費用

りんごの価格以外でりんごの供給に大きな影響を及ぼす要因はりんごを生産するための費用やりんごを果物卸売市場まで出荷するための費用です。これらの費用が下がると、りんごの価格が同じでも、りんごを供給することによる利益は増加します。そのため、りんご生産農家はりんごの収穫や出荷をする人を増やしたり、りんごの作付面積を拡大したりして、供給量を増やそうとするでしょう。

生産・出荷にかかわる費用

りんごの生産・出荷費用の低下による供給量の増加は、りんごの供給曲線の右へのシフトで表すことができます（図 2.11 参照）。りんごの生産・出荷費用を引き下げる要因は、大きく 2 つに分けられます。

供給曲線のシフト

第 1 は、りんごの生産・出荷のために投入される、肥料、噴

図 2.11　りんごの生産・出荷費用の変化とりんごの供給曲線のシフト

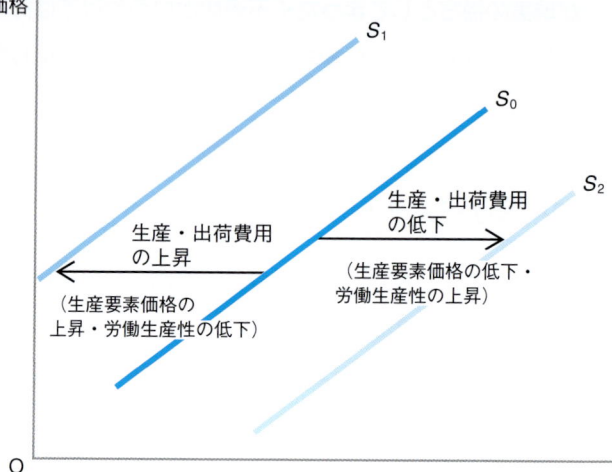

りんごの価格

S_1

S_0

S_2

← 生産・出荷費用の上昇
（生産要素価格の上昇・労働生産性の低下）

生産・出荷費用の低下 →
（生産要素価格の低下・労働生産性の上昇）

O　　　　　　　　　　　　　　　　　　りんごの供給量

生産要素の価格低下　霧器，殺虫剤，労働，土地などの生産要素の価格の低下です。たとえば，殺虫剤をまく噴霧器の価格が低下すれば，りんご農家は使用する噴霧器の数を増やして，害虫被害を防ごうとするでしょう。害虫被害が減れば，りんごの供給量は増えます。

生産性の上昇　第2は，りんごの生産・出荷における生産性の上昇です。たとえば，殺虫剤の価格が変わらずに，その効き目がよくなるとしましょう。この場合には，りんごの生産に同じ労働サービスを投入しても，りんごの収穫は増えるでしょう。これは殺虫剤の効力の向上によって労働生産性が上昇したことを意味します。りんごを生産するときの労働生産性が上昇すれば，以前より少ない労働サービスの投入量でも以前と同じ量の供給が可能になります。り

労働費用　んごを生産するときに労働費用は，

　　労働サービスの投入量×賃金

になりますから，賃金を一定として，同じ量のりんごを生産するために投入しなければならない労働サービスが減少すれば，労働

図 2.12　天候とりんごの供給曲線のシフト

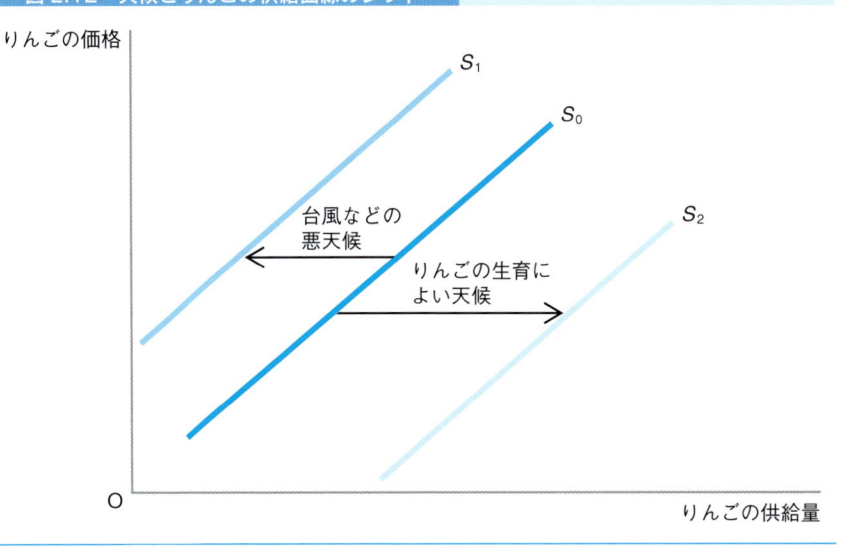

りんごの価格／りんごの供給量／S_0／S_1／S_2／台風などの悪天候／りんごの生育によい天候

費用は低下します。この労働費用はりんごの生産費用の一部ですから，労働費用が低下すれば，りんごの生産費用も低下します。

逆に，りんごの生産・出荷費用が上昇する場合は，同じりんごの価格でりんごを供給しても，利益は減少します。そのため，りんご生産農家は供給量を減らすでしょう。この場合には，りんごの供給曲線は左にシフトします。

●その他の供給に影響する要因

天候の影響　りんごのような農産物の供給量は天候に左右されます。たとえば，1991年9月に日本列島を襲った台風19号のため，青森県などでは，収穫前のりんごが落果し，供給量が大きく減少しました。この現象は供給曲線の左シフトで表されます（図2.12参照）。

逆に，2006年は台風も少なく，好天気が続いたため，キャベツが大豊作になり，キャベツの供給曲線は大きく右にシフトしました。

［2］需要と供給

図 2.13 間接税と供給曲線のシフト

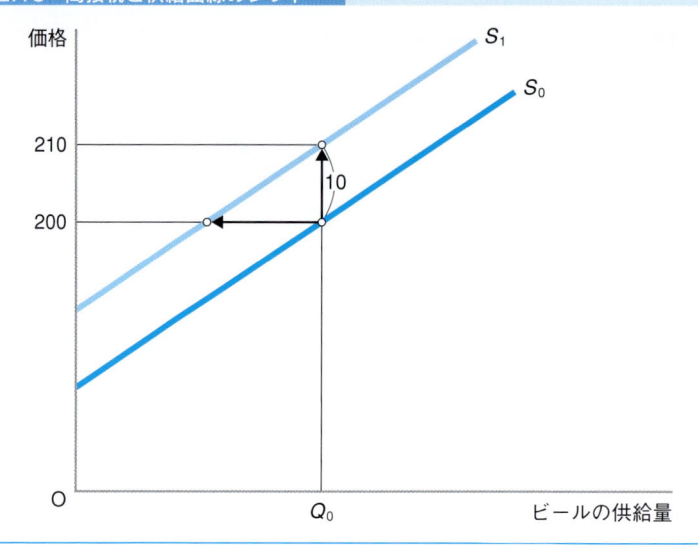

課税の影響　　供給曲線は財の消費に税金が課せられる場合にもシフトします。たとえば，ビールなどのアルコール飲料やタバコの消費には税金が課せられています。これらの税金は消費者に代わって，供給者が納税します。このように本来税金を支払う経済主体に代わって他の経済主体が納税する税金を間接税といいます。

間接税

図 2.13 の供給曲線 S_0 は間接税が課せられる前のビールの供給曲線です。ここで，ビール 1 単位当たり 10 円の税金が課せられたとしましょう。ビール会社は 1 単位のビールを売るごとに 10 円の税金を消費者に代わって納税しなければなりませんから，間接税課税前よりも利益が減少します。そのため，ビール会社は供給量を減らそうとするでしょう。その結果，ビールの供給曲線は S_1 のように左にシフトします。

この供給曲線のシフトは次のように考えることもできます。たとえば，間接税が課せられる前のビールの価格は図 2.13 の 200 円で，供給量は Q_0 だったとしましょう。ここで，10 円の

表 2.4　供給曲線のシフト（まとめ）

要　因	シフトの方向
生産要素価格の上昇（低下）	左（右）
労働生産性の上昇（低下）	右（左）
間接税の増税（減税）	左（右）

間接税が課せられたとします。この場合，価格が 10 円だけ上がって 210 円になれば，ビール会社はビールを Q_0 だけ供給して，（$10 \times Q_0$）円の税金を払った後に，課税前と同じ（$200 \times Q_0$）円の収入を得ることができます。したがって，ビール会社は課税後に価格が 10 円だけ上昇して 210 円になれば，課税前と同じ Q_0 を供給しようとするでしょう。

いま述べたことは課税前のビールの価格が 200 円以外でも成立します。このことは 1 単位当たり 10 円の課税によって，供給曲線が 10 円だけ上にシフトすることを意味します。

以上から，間接税が課せられると，供給曲線は 1 単位当たりの間接税額だけ上にシフトすることが分かります。逆に，間接税が軽減されたり，廃止されたりすれば，供給曲線は下にシフトします。

_{ビール 1 単位当たりの間接税分，上にシフトする}

● **供給曲線に関するまとめ**

供給曲線は財の価格と供給量の関係を示し，通常は，右上がりになります。供給曲線は財の供給に影響を与える当該の財の価格以外の要因を一定として，当該の財の価格だけが変化したときに，その財の供給量がどのように変化するかを示すものです。

供給に影響する価格以外の要因の変化は，供給曲線の右または左へのシフト（移動）あるいは上または下へのシフトで示されます。シフトの方向をまとめておくと，表 2.4 のようになります。

2　需要と供給

◆ 練習問題

1 次のカッコ内を適切な言葉で埋めて，経済学的に意味のある文章にしなさい。
  (1) 一般に，他の条件を一定として，財の需要量はその財の（ア）が低下すれば，（イ）する。この財の需要量と（ア）の（ウ）の相関関係を（エ）という。

  (2) 財の（オ）はすべての個別需要曲線を（カ）方向に合計したものである。

  (3) 一般に，他の条件を一定として，財の供給量はその財の（キ）が上がれば，（ク）する。この供給量と（キ）の（ケ）の相関関係を（コ）という。

2 次の問に適切な図を用いて答えなさい。
  (1) 財Xと財Yが代替財であれば，財Xの価格が低下すると，財Yの需要曲線はどのようにシフトするか。

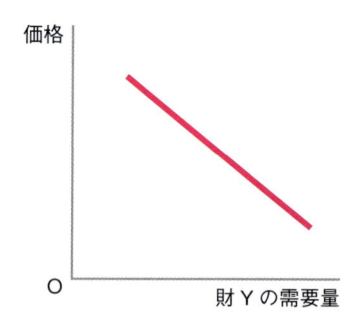

  (2) 消費財Xが正常財であると，家計の所得が増えたとき，財Xの需要曲線はどのようにシフトするか。

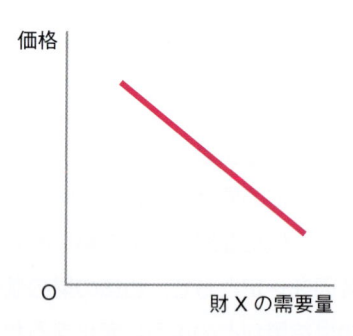

(3) 財Xを生産するために投入される生産要素の価格が低下すると，財Xの供給曲線はどのようにシフトするか。

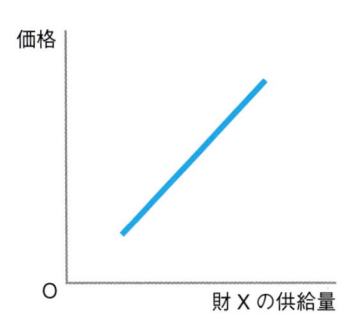

(4) 凶作のときの米の供給曲線は豊作のときと比べてどのようにシフトするか。

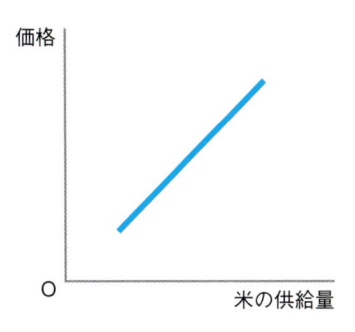

第3章

価格の決定とその変化

- 3.1 価格の決定
- 3.2 需要曲線のシフトと財の価格の変化
- 3.3 供給曲線のシフトと財の価格の変化

　　第2章では，消費財を例にとって需要と供給について説明しました。この章では，需要曲線と供給曲線とを用いて，完全競争市場における財・サービスの価格はどのように決定され，その価格は需要曲線や供給曲線の変化によってどのように変化するかを説明します。

3.1 価格の決定

●均衡価格

図 3.1 は，完全競争市場で取引されるりんごの市場需要曲線 D（以下，単に需要曲線といいます）と市場供給曲線 S（以下，単に供給曲線といいます）を描いたものです。横軸の需給量は需要量と供給量を意味します。

「価格の決定」の定義

りんごの価格は需要と供給とが等しくなるように決定されると考えられます。ここに，「りんごの価格が決定される」というときの「価格」とは，「その価格から一時的に離れても，すぐにその価格に戻るような価格」という意味です。

図 3.1 で，りんごの需要と供給とが等しくなる価格は，需要曲線と供給曲線とが交わる点 E に対応する P_0 です。このとき，需要量と供給量はともに Q_0 で，両者は等しくなっています。こ

均衡
均衡価格
均衡需給量

のように需要量と供給量とが等しい状態を「均衡」といい，需要と供給を等しくする価格を「均衡価格」といいます。また，均衡における需要量と供給量とを「均衡需給量」といいます。

●安定均衡

それでは，図 3.1 の均衡価格は，「その価格から一時的に離れても，すぐにその価格に戻るような価格」でしょうか。そのことを調べてみましょう。

はじめに，価格が P_0 よりも高い P_1 のケースを考えましょう。価格が P_1 であれば，需要量は Q_1 ですが，供給量は Q_2 になります。この場合には，供給量は需要量を AB（$= Q_2 - Q_1$）だ

超過供給

け上回っています。この状態を超過供給といいます。供給者たちは Q_2 だけ供給しようとしますが，需要量は Q_1 しかありませんから，価格が P_1 のままでは売れ残りが生じます。そこで，供給者たちは売れ残りが生じないように価格を引き下げようとするで

図 3.1 価格の決定

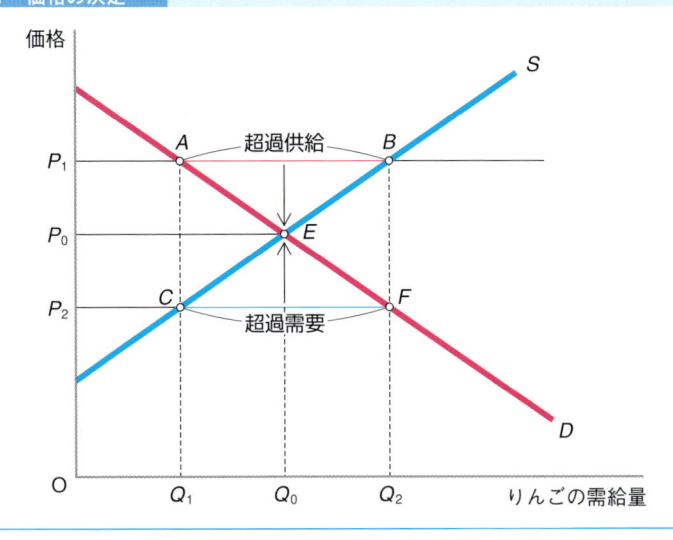

しょう。その結果，価格は P_0 に向かって低下します。

次に，価格が P_0 よりも低い P_2 のケースを考えましょう。価格が P_2 であれば，供給量は Q_1 ですが，需要量は Q_2 になります。この場合には，需要量は供給量を CF（$= Q_2 - Q_1$）だけ上回っています。この状態を**超過需要**といいます。消費者たちは Q_2 だけ買いたいと思いますが，供給量は Q_1 しかありませんから，消費者の中には価格が P_2 では，りんごを買えない消費者が存在します。彼らは価格が高くても買おうとするでしょう。その結果，価格は P_0 に向かって上昇します。

以上から，価格は均衡価格 P_0 より高くても低くても，P_0 に向かう傾向があることが分かりました。均衡から離れたときに，その均衡に戻るメカニズムが働く均衡を，**安定均衡**といいます。図 3.1 の均衡点 E は安定均衡です。

③ 価格の決定とその変化

3.2　需要曲線のシフトと財の価格の変化

　財の価格は需要曲線か供給曲線のいずれか，または双方がシフトすると変化します。はじめに，需要曲線がシフトした場合を考えてみましょう。

● 代替財の価格の変化

　第2章で，みかんの価格が上昇（低下）すると，みかんの代替財であるりんごの需要曲線は右（左）にシフトすることを説明しました。

　図3.2 はみかんの価格が上昇した場合の，りんごの価格の変化を示したものです。当初のりんごの需要曲線と供給曲線はそれぞれ D_0 と S です。りんごの価格は P_0 に決定されます。

　ここで，みかんの価格が上昇したとしましょう。みかんの価格が上昇すると，りんごの需要は増えますから，りんごの需要曲線は D_1 のように右にシフトとします。

　りんごの供給曲線 S とシフト後のりんごの需要曲線 D_1 との交点は E_1 になり，価格は P_0 から P_1 に上昇し，均衡需給量は Q_0 から Q_1 に増加します。

●「需要が増えると価格が上昇する」という意味

　ここで，需要曲線上の需要の変化と需要曲線のシフトによる需要の変化の違いに注意しておきましょう。

　他の要因（みかんの価格や消費者の所得など）を一定として，「りんごの価格だけが低下すると，りんごの需要量は増えます」。これは，需要曲線上の価格と需要の関係を述べたものです。

　それに対して，図3.2 で，みかんの価格が上昇した場合には，りんごの需要が増えるため，りんごの需要曲線が右にシフトし，りんごの価格は上昇しました。これは，「りんごの需要が増えると，

図 3.2 代替財の価格の上昇と価格の変化

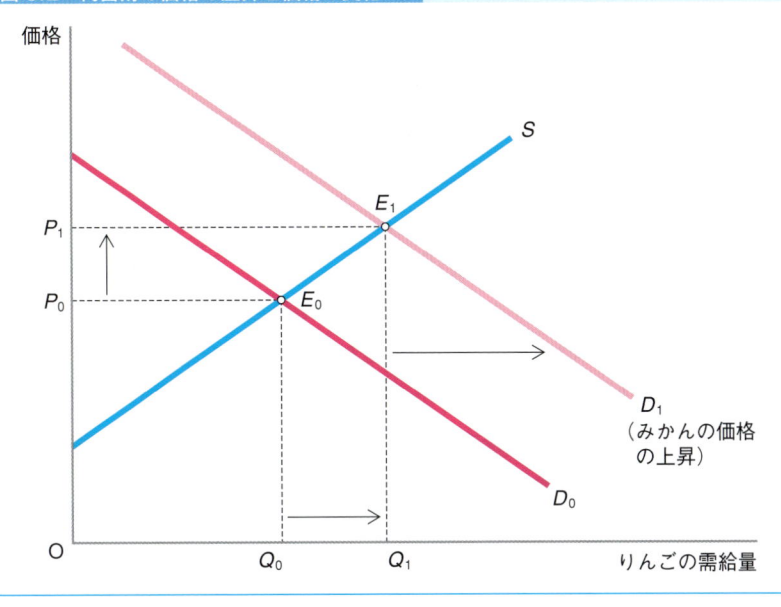

りんごの価格は上昇する」ことを意味します。

読者は,「りんごの価格が上昇すれば,りんごの需要量は減るのに,りんごの需要が増えると,りんごの価格が上昇する」のは矛盾しているように感じるかもしれません。しかし,

「りんごの価格が上昇すれば,りんごの需要量は減る」
ということは,

「りんごの価格だけが上昇したときに,需要曲線は変化しないまま,その曲線上に沿って需要量が減る」

ことを述べたものです。

それに対して,

「りんごの需要が増えると,りんごの価格が上昇する」
という意味は,

「りんごの価格以外の要因によってりんごの需要が増えて,り

なぜ需要の増加とともに価格が上昇するのか

「価格以外の要因」で需要が増える場合

3 価格の決定とその変化　47

んごの需要曲線が右にシフトすると，りんごの供給曲線と右にシフトした後のりんごの需要曲線との交点で決まるりんごの価格は上昇する」

ということです。この場合，りんごの価格が上昇するのは，りんごの供給曲線が右上がりであるためです。

●補完財の価格の変化

自動車の価格とガソリン価格の関係

補完財の変化による価格の変化を考えるために，ガソリンの価格が上昇した場合の自動車の価格の変化を考えてみましょう。

図 3.3 の曲線 D_0 は当初の自動車の需要曲線を，曲線 S は自動車の供給曲線をそれぞれ示しています。当初の均衡価格は P_0 で，均衡需給量は Q_0 です。

ガソリン価格が上昇した場合

次に，ガソリン価格が上昇した場合を考えましょう。ガソリン価格が上昇すると，自動車を使って買い物したり，旅行したりする費用は増加します。そのため，消費者は自動車での旅行をやめて，鉄道で旅行したり，近くの買い物であれば，歩くか自転車で済まそうとするでしょう。そのため，新しく自動車を買ったり，買い替えたりする需要は減少するでしょう。以上から，ガソリン価格が上昇すると，自動車の需要曲線は図 3.3 の D_1 のように左にシフトします。新しい均衡点は D_1 と S の交点である E_1 に移動し，自動車の価格は P_1 に低下し，均衡需給量は Q_1 に減少します。

なお，第 2 章で述べましたが，自動車の市場は現実には完全競争市場ではありません。しかし，上では，自動車市場は完全競争市場であると仮定して，ガソリン価格が上昇した場合に，自動車の価格は低下するであろうと結論しました。この分析結果はガソリン価格の上昇がわずかであったり，短期的なものであったりする場合には，現実に妥当しない可能性があります。しかし，ガソリン価格の上昇が一時的でなければ，高い市場シェアを持った

現実との整合

図 3.3　補完財の価格上昇と価格の変化

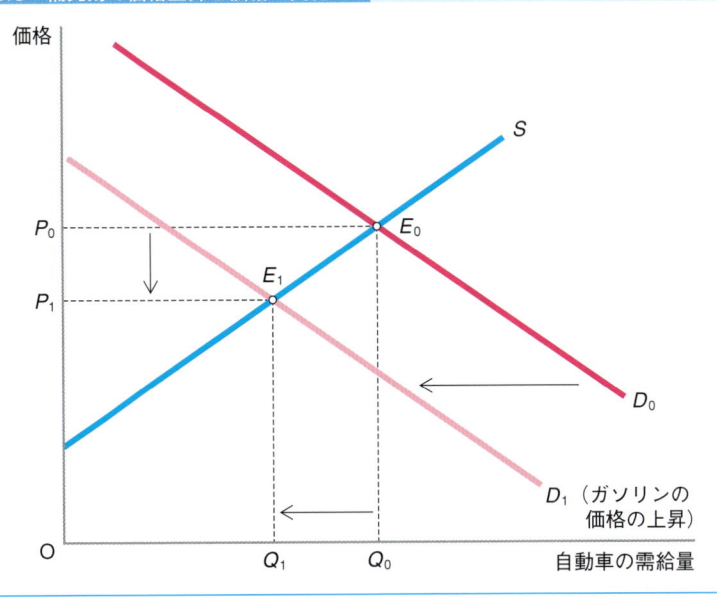

自動車会社といえども，自社の自動車需要の大きな減少に直面して，価格を引き下げなければ，自動車は売れなくなるでしょう。

　この意味で，ここでの分析目的に限っていえば，自動車市場を完全競争市場と仮定して分析することは不適切な仮定ではないといえます。このことは，次項で，液晶テレビを完全競争市場と仮定して話を進める場合にも妥当します。

●所得の変化と価格の変化

消費者の所得の変化

　消費者の所得が変化すると，財の価格はどのように変化するでしょうか。消費者の所得が増加すると，正常財（あるいは，上級財）の需要曲線は右に，劣等財の需要曲線は左にシフトします。

　図 3.4 は液晶テレビの需要曲線と供給曲線とを示したものです。当初の均衡点は E_0 で，均衡価格は P_0，均衡需給量は Q_0 です。

図 3.4 所得の変化と価格の変化

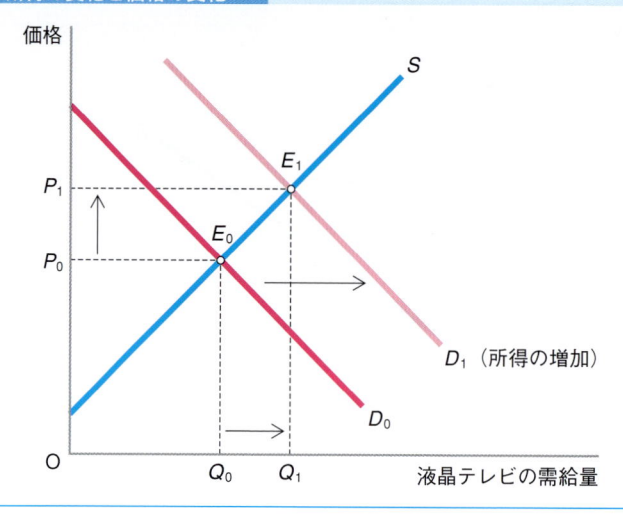

ここで，消費者たちの所得が増加したとします。液晶テレビは正常財であると考えられますから，需要曲線は D_1 のように右にシフトします。このシフトの結果，均衡点は E_1 に移動します。均衡価格は P_1 に上昇し，均衡需給量は Q_1 増加します

均衡価格の上昇

●その他の要因の変化による需要曲線のシフトと価格の変化

財の中には天候の変化によって需要が変化するものもあります。ここでは，そのような財として，冬物衣料品と暖冬の関係を取り上げましょう。

暖冬の影響

図 3.5 の需要曲線 D_0 は普通の冬におけるオーバーや厚手のセーターといった冬物衣料品に対する需要曲線を示しています。当初の均衡点は E_0，均衡価格は P_0，均衡需給量は Q_0 です。

それに対して，暖冬になると，冬物衣料品の需要は減少すると考えられますから，需要曲線は D_1 のように左にシフトします。

図 3.5　天候の変化と価格の変化

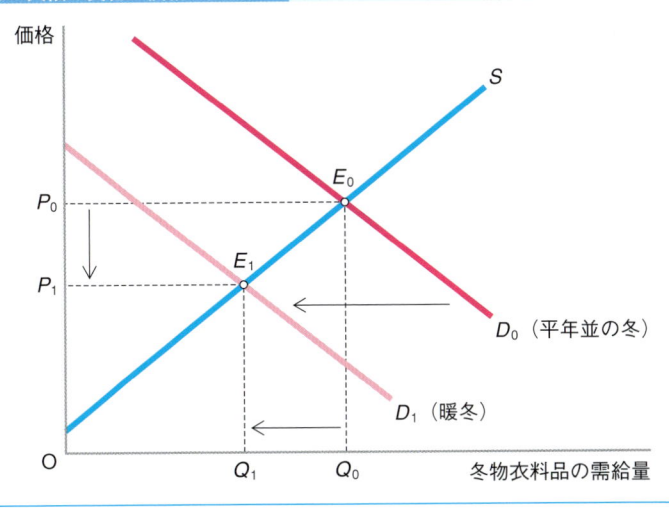

価格
P_0
P_1
E_0
E_1
S
D_0（平年並の冬）
D_1（暖冬）
O　Q_1　Q_0　冬物衣料品の需給量

このシフトの結果，均衡点は E_1 に移動します。均衡価格は P_1 に低下し，均衡需給量は Q_1 に減少します。

● 供給の価格弾力性

需要曲線がシフトしたときに，価格がどれだけ変化するかは，
①需要曲線のシフトの大きさ　と
②価格の変化によって供給量がどれだけ変化するか

に依存します。ここでは，①の需要曲線のシフトの大きさを一定として，②の要因に注目しましょう。

②に注目するために，供給の価格弾力性という概念を導入します。

供給の価格弾力性とは，価格が $X\%$ と変化したときに供給量が何％変化するかを示す数値で，次のように表されます。

（欄外）
価格の変化に対する供給量の変化

供給の価格弾力性

$$\text{供給の価格弾力性} = \frac{\text{供給量の変化} \div \text{当初の供給量}}{\text{価格の変化} \div \text{当初の価格}} = \frac{\text{供給量の変化率}}{\text{価格の変化率}} \quad (3.1)$$

図3.6で，当初の価格をP_0とすれば，供給量はQ_0です。価格がP_1に上昇すると，供給量はQ_1に増加します。このとき，価格がP_0からP_1に上昇するときの供給の価格弾力性は，

$$\frac{Q_1 - Q_0}{Q_0} \div \frac{P_1 - P_0}{P_0} \quad (3.2)$$

<small>弾力性が大きい＝変化に大きく反応</small>

になります。

たとえば，$P_0 = 100$円，$P_1 = 120$円，$Q_0 = 1000$，$Q_1 = 1100$としましょう。これらの数値を(3.2)に代入すると，価格がP_0からP_1に上昇するときの供給の価格弾力性は，0.5であることが分かります。これは，価格がP_0から1％上昇すると，供給量は0.5％増加することを意味します。

<small>1より大：価格弾力的
1より小：価格非弾力的</small>

供給の弾力性が大きいほど，供給量は価格の変化に対して大きく変化します。一般に，供給の価格弾力性が1よりも大きければ，供給は価格弾力的であるといい，1よりも小さければ供給は価格非弾力的であるといいます。

● 供給曲線の傾きと供給の価格弾力性

供給の価格弾力性は供給曲線の傾きと関係があります。

図3.7では，財Xの供給曲線S_0の傾きは，財Yの供給曲線S_1の傾きよりも緩やかになっています。

いま当初の価格をP_0としましょう。このとき，どちらの財の供給量もQ_0です。次に，どちらの財の価格も同じだけ上がって，P_1になったとします。供給曲線S_0で表される財Xの供給量はQ_2に増加します。一方，供給曲線S_1で表される財Yの供給量の増加はQ_1にとどまります。

図3.6 供給の価格弾力性

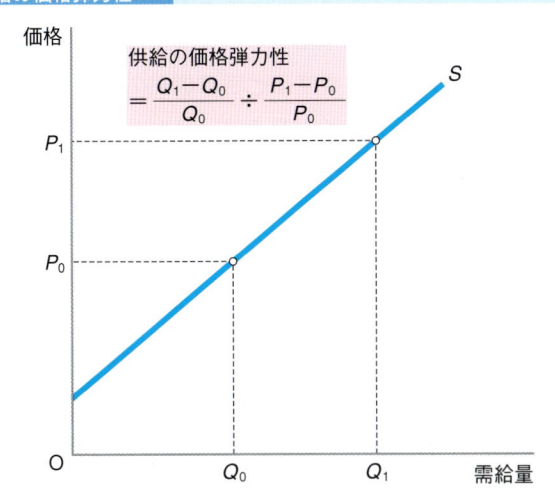

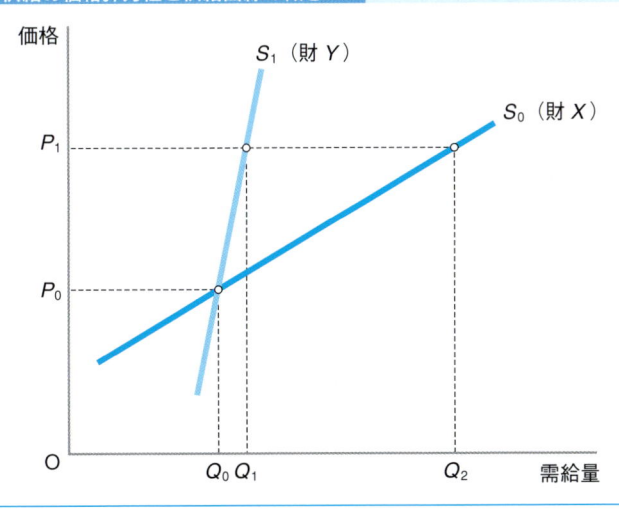

供給の価格弾力性 $= \dfrac{Q_1 - Q_0}{Q_0} \div \dfrac{P_1 - P_0}{P_0}$

図3.7 供給の価格弾力性と供給曲線の傾き

3 価格の決定とその変化

両財の価格の変化率は同じですが、財 X の供給量の変化率の方が財 Y のそれよりも大きくなっています。したがって、価格が P_0 から P_1 に上昇するときの供給の価格弾力性は、財 X の方が財 Y よりも大きくなります。これから、供給曲線の傾きが緩やかな方が供給の価格弾力性は大きくなることが分かります。

傾きが緩やか＝弾力性が大きい

●需要曲線のシフトと供給の価格弾力性

以上で、供給の価格弾力性を説明しましたので、次に、需要曲線のシフトと供給の価格弾力性の関係を説明しましょう。

図 3.8 は供給の価格弾力性が大きいケースで、需要曲線が右にシフトしたときの価格と需給量の変化を示したものです。需要曲線が D_0 から D_1 へ右にシフトしても、価格は P_0 から P_1 へとわずかしか上がりませんが、需給量は Q_0 から Q_1 へと大きく増加しています。

これは、需要曲線の右シフトによって需要が増えても、価格の上昇に伴って供給量が大きく増えるためです。

工業製品の場合

一般に、家電製品やパソコンなどの工業製品は価格の変化に対応して、供給量を調整しやすいため、供給の価格弾力性は大きくなります。そのため、たとえば、消費者の所得が増大して需要が増えても、価格はあまり上がらずに、消費者の需要の増加に応じて供給量が増える傾向があります。

一方、図 3.9 は供給の価格弾力性が小さなケースで、需要曲線が右にシフトしたときの価格と需給量の変化を示したものです。需要曲線が右にシフトすると、価格は P_0 から P_1 へと大きく上昇しますが、需給量は Q_0 から Q_1 へとごくわずかしか増えません。

これは、需要曲線の右シフトによって需要が増えて、価格が上昇しても、供給量がわずかしか増えないためです。

農産物・天然資源の場合

一般に、農産物や天然資源は需要が変化しても供給量をただちに変化させることが困難です。たとえば、石油の需要が増えて、

**図 3.8 供給の価格弾力性と需要曲線のシフト
──供給の価格弾力性が大きいケース**

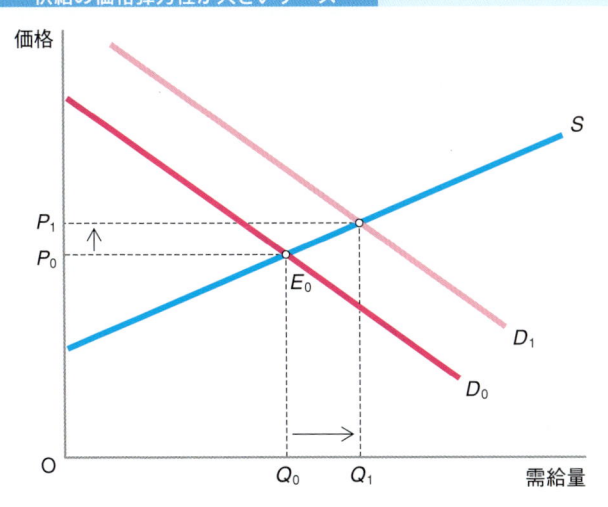

**図 3.9 供給の価格弾力性と需要曲線のシフト
──供給の価格弾力性が小さいケース**

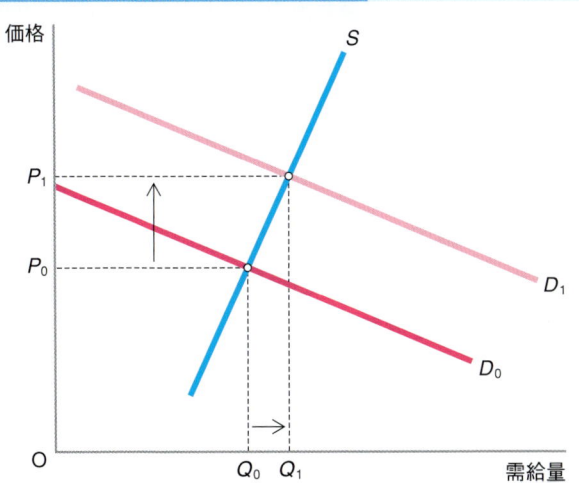

3 価格の決定とその変化

石油の需要曲線が右にシフトした結果，石油価格が上昇しても，新しい油田の開発などには長い時間がかかりますから，短期的には石油の生産を増やすことは困難です。そのため，図 3.9 のように，石油の供給曲線の傾きは急になり，その供給の価格弾力性は小さくなります。

石油の供給の例

2005 年から 2006 年にかけて，石油価格が高騰しました。これは，先進国だけでなく，中国やインドをはじめとする発展途上国の経済成長率が高まって，石油に対する需要が急増したのに対して，石油の供給の価格弾力性が小さいためです。

ただし，石油供給の価格弾力性も長期的には大きくなります。それは，長期的には，価格が高騰すると，新しい油田の開発などによって石油の供給量が増えるからです。

●無限大とゼロの供給の価格弾力性

ここで，供給の価格弾力性が無限大とゼロという極端なケースを取り上げて，需要曲線のシフトと価格の変化の関係を考えてみましょう。

弾力性無限大の場合

図 3.10 の供給曲線 S_0 は横軸に水平な直線です。この場合には，価格が上がらなくても，供給量は需要の増加に応じていくらでも増加します。したがって，(3.1) の分母がゼロでも，分子の供給量が増加しますから，供給の価格弾力性は無限大になります。このケースでは，需要曲線が右にシフトしても（すなわち，価格を一定として需要が増えても），左にシフトしても（すなわち，価格を一定として需要が減っても），価格は変化しません。需要の増加に応じて，いままでよりも費用をかけることなく生産量を調整できる工業製品については，このケースが当てはまる傾向があります。このように，需要が増えても，価格が上昇しない財もあることに注意しておきましょう。

一方，図 3.11 の供給曲線 S は垂直な直線です。この場合には，

**図 3.10　供給の価格弾力性と需要曲線のシフト
　　　　——供給の価格弾力性が無限大のケース**

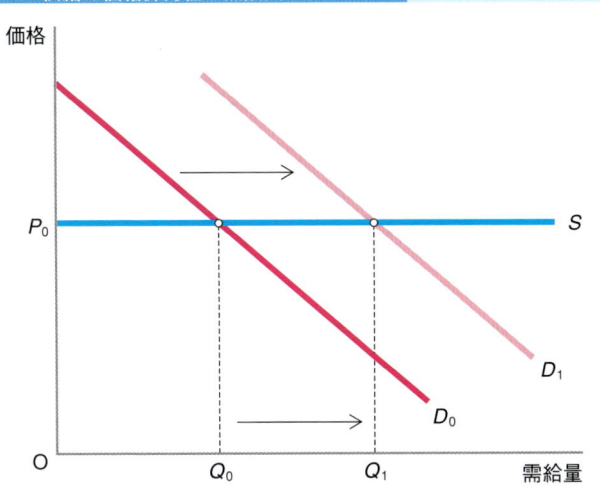

**図 3.11　供給の価格弾力性と需要曲線のシフト
　　　　——供給の価格弾力性がゼロのケース**

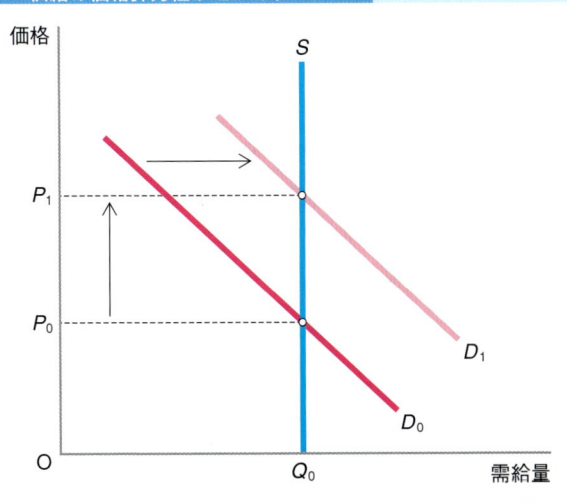

価格がどんなに上がっても、供給量は増えません。したがって、どんな価格の上昇に対しても、(3.1)の分子はゼロになりますから、供給の価格弾力性はゼロになります。

弾力性ゼロの場合

たとえば、比較的短い時間をとると、多くの農産物は需要が増えても直ちに供給量を増やすことが困難ですから、その供給曲線はSのように垂直な曲線で近似できるでしょう。この場合には、図 3.11 に示されているように、需要曲線のシフトに応じて、価格は大きく変動しますが、需給均衡量は変化しません。

しかし、長期的には、農産物も作付面積を増やしたり減らしたり、あるいは輸入を増やしたり減らしたりすることによって、供給量を調整できます。したがって、長期的に見ると、農産物の供給曲線の傾きも短期的なそれに比べると緩やかな右上がりの曲線になります。

長期の場合

3.3　供給曲線のシフトと財の価格の変化

●生産費用の変化

価格は供給曲線がシフトする場合にも変化します。第2章で説明したように、財を生産する費用が上昇すれば、供給が減って、供給曲線は左に、逆に、財を生産する費用が低下すれば、供給が増えて、供給曲線は右に、それぞれシフトします。

図 3.12 は、りんごの生産費用が低下したために、りんごの供給曲線が右にシフトした場合のりんごの価格の変化を示したものです。りんごの生産費用が低下する前の供給曲線はS_0です。このときのりんご市場の均衡点は点E_0、価格はP_0、需給量はQ_0に決定されます。

次に、りんごの生産費用が低下すると、りんごの供給曲線は右にシフトし、均衡点はE_1に移動します。価格はP_1に低下し、

図 3.12　供給曲線のシフトと価格の変化——生産費用低下のケース

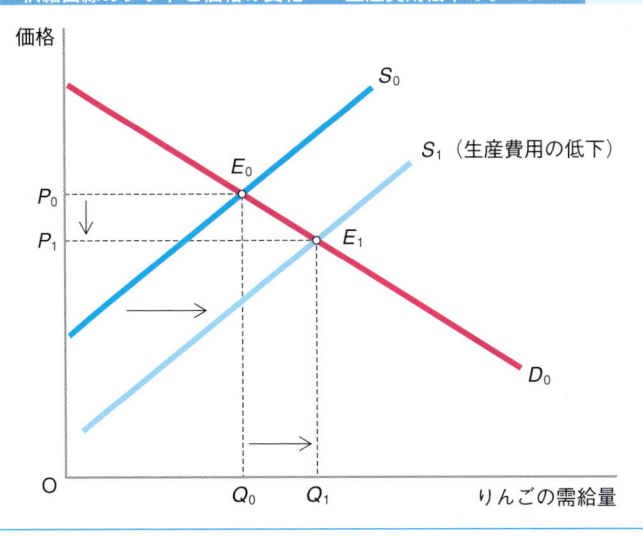

需給量は Q_1 に増加します。

●他の供給に影響する要因の変化

天候の変化　　りんごの供給は天候にも左右されます。たとえば，台風の多いシーズンは，りんごの落果のために，りんごの供給は減りますから，その供給曲線は左にシフトします。図 3.13 に示されているように，この供給曲線の左へのシフトにより，りんごの価格は上昇し，需給量は減少します。

課税の影響　　ビールには間接税が課せられています。間接税が引き上げられると，供給曲線は左にシフトしますから，ビールの価格は上昇し，その需給量は減少するでしょう。

3　価格の決定とその変化

図 3.13 供給曲線のシフトと価格の変化——天候の変化のケース

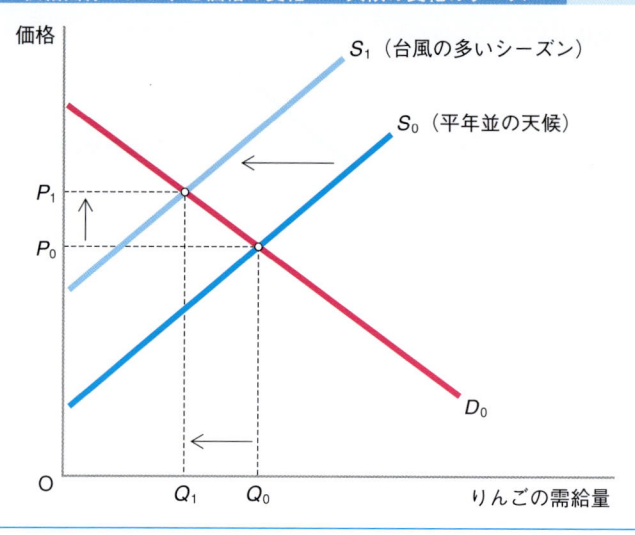

●需要の価格弾力性

価格の変化に対する供給量の変化

供給曲線のシフトによって，価格がどのように変化するかは
①供給曲線のシフトの大きさ　と
②価格の変化によって需要量がどれだけ変化するか
に依存します。

ここでは，①の供給曲線のシフトの大きさを一定として，②の要因に注目しましょう。②に注目するために，需要の価格弾力性という概念を導入します。

需要の価格弾力性

需要の価格弾力性とは，価格が X %変化したときに需要量が何%変化するかを示す数値で，次のように表されます。

$$需要の価格弾力性 = \frac{需要量の変化 \div 当初の需要量}{価格の変化 \div 当初の価格} = \frac{需要量の変化率}{価格の変化率} \quad (3.3)$$

図 3.14 で，当初の価格を P_0 とすれば，需要量は Q_0 です。価格が P_1 に上昇すると，需要量は Q_1 に減少します。このとき，

図 3.14 需要の価格弾力性

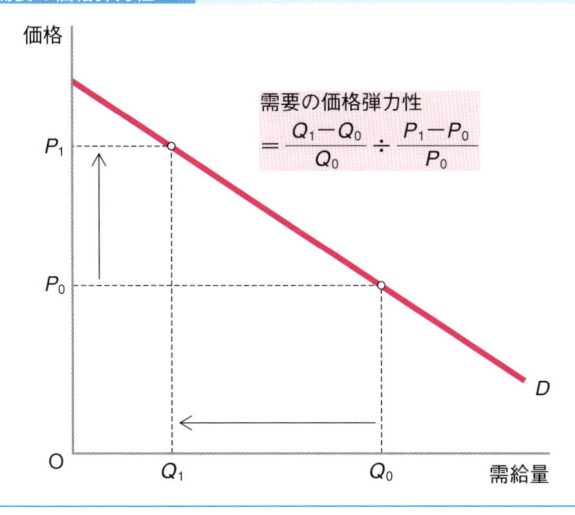

$$\text{需要の価格弾力性} = \frac{Q_1 - Q_0}{Q_0} \div \frac{P_1 - P_0}{P_0}$$

価格が P_0 から P_1 に上昇するときの需要の価格弾力性は，

$$\frac{Q_1 - Q_0}{Q_0} \div \frac{P_1 - P_0}{P_0} \tag{3.4}$$

になります。

たとえば，$P_0 = 100$ 円，$P_1 = 120$ 円，$Q_0 = 1000$，$Q_1 = 900$ としましょう。これらの数値を(3.4)に代入すると，価格が P_0 から P_1 に上昇するときの需要の価格弾力性は，-0.5 であることが分かります。これは価格が P_0 から 1％上昇すると，需要量は 0.5％減少することを意味します。

一般的に，需要曲線は右下がりであるために，(3.3)で定義された需要の価格弾力性は負になります。以下では，需要の価格弾力性の大小を問題にする都合上，需要の価格弾力性を(3.3)に負の符号をつけて，正の数値に転換して定義することにしましょう。すなわち，以下では，

> 負の符号をつけて正の数値にする

③ 価格の決定とその変化

$$\text{需要の価格弾力性} = -\frac{\text{需要量の変化率}}{\text{価格の変化率}} \qquad (3.5)$$

と定義して，話を進めることにします。

> 弾力性が大きい
> ＝変化に大きく反応
> 1より大：価格弾力的
> 1より小：価格非弾力的

(3.5)で定義された需要の弾力性が大きいほど，価格の変化に対して需要量の変化は大きくなります。一般に，需要の価格弾力性が1よりも大きければ，需要は価格弾力的であるといい，1よりも小さければ需要は価格非弾力的であるといいます。

●需要曲線の傾きと需要の価格弾力性

需要の価格弾力性は需要曲線の傾きと関係があります。

図 3.15 では，財 X の需要曲線 D_0 の傾きは，財 Y の需要曲線 D_1 の傾きよりも緩やかになっています。いま当初の価格を P_0 としましょう。このとき，どちらの財の需要量も Q_0 です。

次に，どちらの財の価格も同じだけ上がって，P_1 になったとします。需要曲線 D_0 で表される財 X の需要量は Q_2 に減少します。一方，需要曲線 D_1 で表される財 Y の需要量の減少は Q_1 にとどまります。両財の価格の変化率は同じですが，財 X の需要量の変化率の方が財 Y のそれよりも大きくなっています。したがって，価格が P_0 から P_1 に上昇するときの需要の価格弾力性は，財 X の方が財 Y よりも大きくなります。これから，需要曲線の傾きが緩やかな方が需要の価格弾力性は大きくなることが分かります。

●供給曲線のシフトと需要の価格弾力性

以上で，需要の価格弾力性を説明しましたので，次に，供給曲線のシフトと需要の価格弾力性の関係を説明しましょう。

図 3.16 は需要の価格弾力性が大きいケースで，供給曲線が右にシフトしたときの価格と需給量の変化を示したものです。供給曲線が右にシフトしても，価格は P_0 から P_1 へとわずかしか下

図 3.15 需要曲線の傾きと需要の価格弾力性

需要の価格弾力性大 D_0（財 X）

D_1（財 Y）需要の価格弾力性小

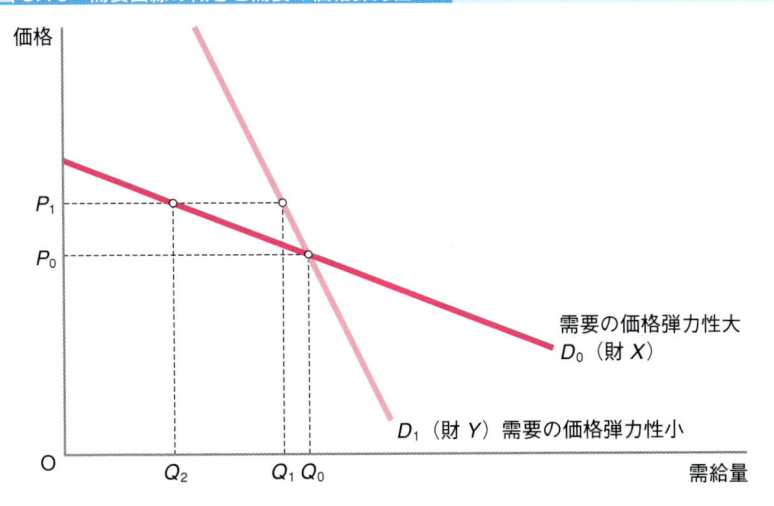

図 3.16 需要の価格弾力性と供給曲線のシフト
——需要の価格弾力性が大きいケース

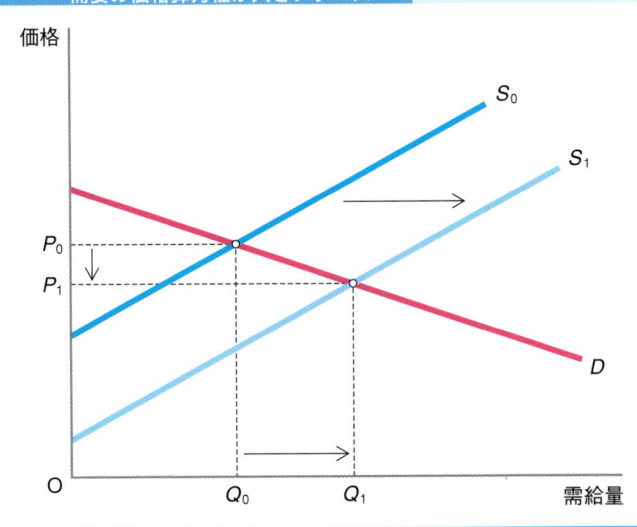

3　価格の決定とその変化

がりませんが,需給量が Q_0 から Q_1 へと大きく増加しています。

これは,供給曲線の右シフトによって供給が増えた結果,価格が下がると,需要量が大きく増えるためです。

ぜいたく品の需要の場合

需要の価格弾力性の大小は,必需品かどうかに依存します。自動車やパソコンや液晶テレビなどは,生活になくてならない必需品ではなく,どちらかというとぜいたく品です。

このような財の需要量は価格が低下すると大きく増加する反面,価格が上昇すると大きく減少しますから,需要の価格弾力性は大きくなります。そのため,たとえば,自動車やパソコンや液晶テレビの生産における費用が低下し,供給曲線が右にシフトして,価格が下がると,均衡需給量は大きく増加します。

一方,図 3.17 は需要の価格弾力性が小さなケースで,供給曲線が右にシフトしたときの価格と需給量の変化を示したものです。供給曲線が右にシフトすると,価格は P_0 から P_1 へと大きく低下しますが,均衡需給量は Q_0 から Q_1 へとごくわずかしか増えません。これは,供給曲線の右シフトによって供給が増えて価格が低下しても,需要量がわずかしか増えないためです。

必需品の需要の場合

一般に,食料や冬季の暖房に使う灯油のように生活になくてはならない必需品の需要の価格弾力性は小さくなります。つまり,必需品の需要は価格が上昇してもあまり減らない半面,価格が低下してもあまり増えません。

たとえば,石油資源が枯渇したために,石油の供給量が減って,冬の灯油の供給曲線が左にシフトしたとしましょう。その結果,灯油の価格は上がります。しかし,消費者の中にはエアコン暖房機が高いため,灯油暖房をエアコン暖房に代えることができずに,灯油の需要量を大きく減らすことができない消費者が少なからず存在します。

したがって,灯油の需要の価格弾力性は小さいと考えられます。そのため,灯油の供給曲線が左にシフトすると,灯油の価格は大

図 3.17 需要の価格弾力性と供給曲線のシフト
——需要の価格弾力性が小さいケース

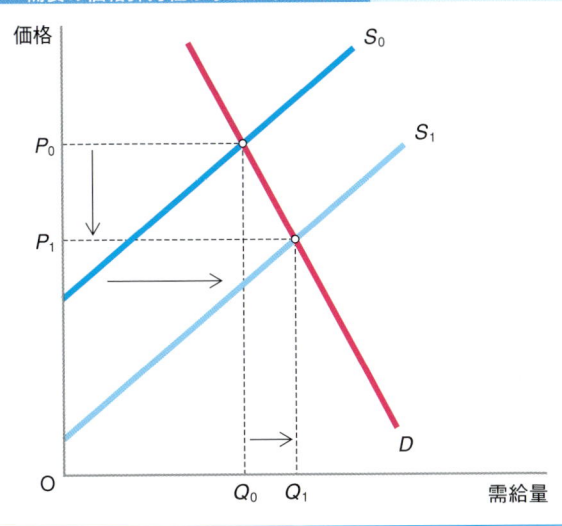

きく上昇しますが，均衡需給量はあまり減りません。

● **無限大とゼロの需要の価格弾力性**

ここで，需要の価格弾力性が無限大とゼロという極端なケースを取り上げて，供給曲線のシフトと価格の変化の関係を考えてみましょう。

図 3.18 の需要曲線 D は横軸に水平な直線です。この場合には，価格が少しでも下がれば，需要量はいくらでも増えます。したがって，(3.5) の分母のマイナス幅が大きくなると，分子の需要量は無限に増加しますから，需要の価格弾力性は無限大になります。このケースでは，供給曲線が右にシフトしても（すなわち，価格を一定として供給が増えても），左にシフトしても（すなわち，価格を一定として供給が減っても），価格は変化せず，需給均衡量だけが大きく変化します。

弾力性無限大の場合

図 3.18　需要の価格弾力性と供給曲線のシフト
　　　　——需要の価格弾力性が無限大のケース

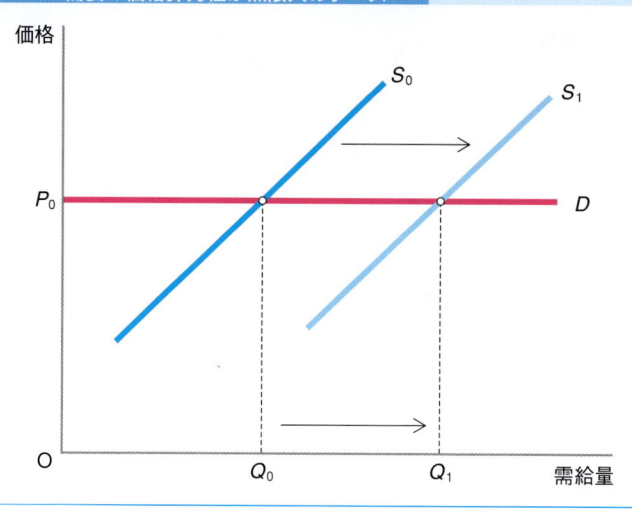

一方，図 3.19 の需要曲線 D は垂直な直線です。この場合には，価格がどんなに変化しても，需要量は変化せず，Q_0 で一定です。したがって，どんな価格の上昇に対しても，(3.5)の分子はゼロになりますから，需要の価格弾力性はゼロになります。このケースでは，供給曲線のシフトに伴って，価格が大きく変化する一方で，均衡需給量はまったく変化しません。

弾力性ゼロの場合

実際には，需要の価格弾力性がゼロの財はないと思われますが，必需品の中にはゼロに近い財が存在すると考えられます。

● 豊作貧乏

2006 年は秋以降，好天に恵まれたため，全国的にキャベツの生育がよく，キャベツが大量に市場に出回り，その結果，その価格は大きく低下しました。図 3.20 はこの状況を示したものです。天候が平年並みの場合のキャベツの供給曲線は S_0 で示されます。

図 3.19 需要の価格弾力性と供給曲線のシフト
――需要の価格弾力性がゼロのケース

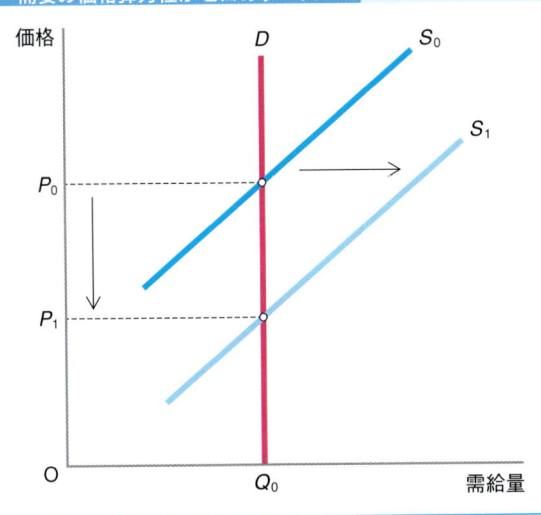

図 3.20 好天に恵まれた年のキャベツの市場――豊作貧乏のケース

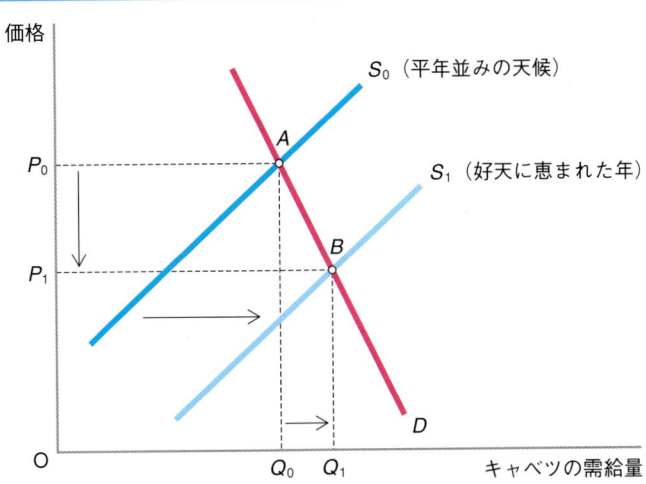

それに対して，好天に恵まれた2006年の秋以降のキャベツの供給曲線はS_1のように，大きく右にシフトしました。

一方，キャベツの需要の価格弾力性は小さいため，その需要曲線の傾きは図3.20の需要曲線Dのように急です。

つまり，キャベツの価格が下がったからといって，その需要量を大きく増やす消費者はあまりいません。そのため，2006年秋以降，供給曲線が大きく右にシフトすると，需給量はそれほど増えないまま，価格だけが大きく下がりました。

天候が平年並みであれば，キャベツの価格はP_0で，需給量はQ_0ですから，キャベツ農家全体の売上高は$P_0 \times Q_0$で，図3.20では，$P_0 A Q_0 O$の長方形の面積に等しくなります。

一方，豊作の2006年秋の価格はP_1に下がり，需給量はわずかにQ_1に増えただけです。売上高は$P_1 \times Q_1$で，図では$P_1 B Q_1 O$の長方形の面積に等しくなります。

価格が大きく下がった割には，需要量が増えないため，豊作の年の売上高は平年並みの年の売上高よりも小さくなっています。売上高が減れば，生産者は貧しくなってしまいます。そこで，このように，豊作になるとかえって売上高が減って，生産者が貧しくなってしまうことを，豊作貧乏といいます。

豊作貧乏

農林水産省は2006年の秋以降，キャベツの価格低下を防ぐことによって，キャベツ生産農家の所得の低下を抑制しようとして，キャベツ生産農家にキャベツの廃棄処分を指導すると共に，所得の減少を補てんするためにキャベツ農家に補助金を支給しました。

キャベツの廃棄処分により，市場に出回るキャベツは減少します。これは図3.21では，S_1までシフトしたキャベツの供給曲線をS_2にまで左にシフトさせ，豊作のためにP_1まで下がった価格をP_2まで引き上げることによって，売上高の増加を図ろうとする政策です。

図 3.21　キャベツの廃棄処分とキャベツの価格

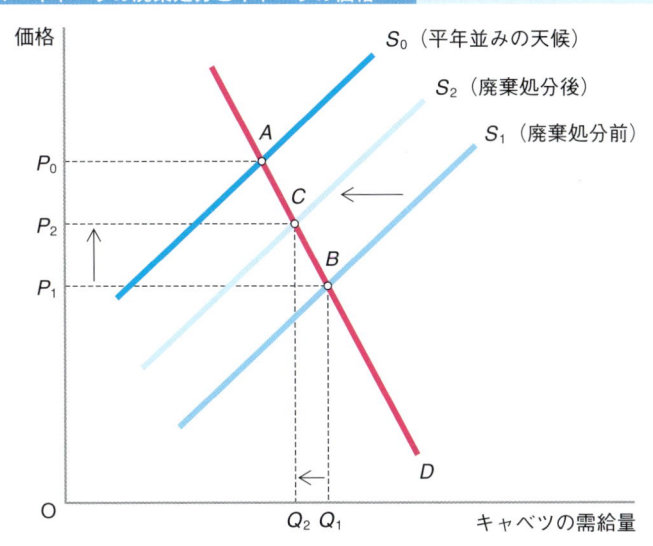

S_0（平年並みの天候）
S_2（廃棄処分後）
S_1（廃棄処分前）

図 3.22　キャベツの廃棄（愛知県豊橋市）

トラクターで潰されるキャベツ（2006 年 12 月）

毎日新聞社提供

キャベツの廃棄処分は，愛知産 8,500 トン，熊本産 900 トン，福岡産 260 トン（2006 年 12 月 7 日現在）などでした。

◆ 練習問題

1　財 X の市場が超過需要の状態にあるときの図を示し，どのような調整が生ずるかを説明しなさい。

2　財 Y の市場が超過供給の状態にあるときの図を示し，どのような調整が生ずるかを説明しなさい。

3　「りんごの価格が上昇すれば，りんごの需要量は減る」ということと，「りんごの需要が増えると，りんごの価格は上昇する」ということとの違いを，適切な図を用いて説明しなさい。

4　ある財の価格が 100 円であれば，供給量は 1000 であるのに対して，価格が 150 円になると，供給量は 1200 になる。この財の価格が 100 円から 150 円になるときの供給の価格弾力性を求めなさい。

5　ある財の価格が 100 円であれば，需要量は 1000 であるのに対して，価格が 150 円になると，需要量は 800 になる。この財の価格が 100 円から 150 円になるときの需要の価格弾力性を求めなさい。

6　2005 年から 2006 年にかけて，世界的に高い経済成長が続き，石油価格は高騰した。なぜ，石油価格は穏やかな上昇ではなく，高騰したのか。適切な図を用いて説明しなさい。

7　6 で述べた石油価格の高騰は，軽自動車の需要の増加と大型ガソリン自動車の需要の減少をもたらしたが，軽自動車の価格とガソリン自動車の価格は共にそれほど変化しなかった。
　（1）　この軽自動車の需要と大型ガソリン自動車の需要の減少を適切な図で示し，なぜそのような需要の変化が生じたかを説明しなさい。
　（2）　軽自動車と大型ガソリン自動車の価格が共にそれほど変化しなかったのはなぜかを，適切な図を用いて説明しなさい。

第4章

資源配分と所得分配の決定

- 4.1 資源配分の決定
- 4.2 所得分配の決定
- 4.3 単純な経済循環

　第3章では，完全競争市場を仮定して，財の需給量がどのようにして決まるかを説明しました。財の需給量が決まれば，その財の生産のために，どのような生産要素をどれだけ投入するかも決まります。生産要素とは生産に投入される資源のことです。そこで，このような各財の生産のために，どのような生産要素がどれだけ配分されるかという問題を，資源配分といいます。

　市場システムを採用している社会では，資源配分は市場の需要と供給を反映して決まります。

　市場で資源配分が決まるときには，同時に，各種の生産要素の価格も生産要素に対する需要と供給を反映して決まります。生産要素の価格が決まると，人々の所得も決まります。人々の間に所得がどのように分配されるかという問題を所得分配といいます。

　この章では，完全競争市場を前提にして，資源配分と所得分配がどのように決まるかを説明します。

4.1 資源配分の決定

●コーリン・クラークの法則

_{産業構造の変化}　一般に、経済が発展・成長すると、第1次産業に属する農産物の生産が全体に占める比率は減って、代わりに、第2次産業に属する製造業による工業製品の生産比率が増える傾向があります。さらに経済が成長すると、工業製品の生産比率が減って、第3次産業に属する各種のサービスの生産比率が増える傾向があります。このような、産業構造の変化をコーリン・クラークの法則といいます。

_{コーリン・クラークの法則}

戦後の日本経済でも、コーリン・クラークの法則が観察されます。たとえば、戦後の経済成長の過程で、日本人の主食であった米の生産は次第に減少し、自動車の生産は戦後の焼け野原の中では誰も想像しなかったほど急増しました。そして近年では、図4.1に示されているように、第3次産業の生産額が国内総生産（国内総生産とは何かは、第6章で説明します）に占める割合は、第2次産業の生産額が国内総生産に占める割合よりも大きくなっています。

それではこうした産業別の生産の変化はどのようにして生じたのでしょうか。

●需要の変化による財・サービスの生産量の変化

各財・サービスの生産量は、図3.1（45ページ）のように、その財・サービスの需要と供給を等しくするように決まります。このようにして決まる生産量は、需要曲線か供給曲線のシフトあるいは双方のシフトによって変化します。これから、一国の産業構造を変化させる要因は、①需要曲線のシフトと、②供給曲線のシフトに分けられことが分かります。

_{需要曲線のシフトから産業構造の変化を分析する}

まず、①の需要曲線のシフトから見ていきましょう。産業構造

図 4.1　国内総生産における各産業の生産量が占める割合

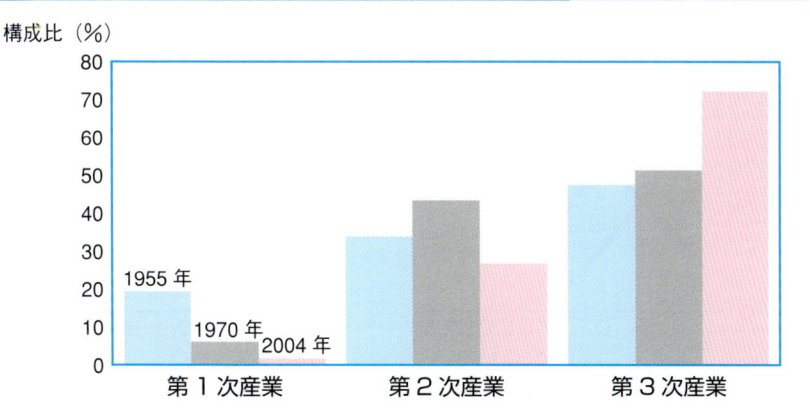

構成比（％）

1955 年
1970 年
2004 年

第 1 次産業　　第 2 次産業　　第 3 次産業

（注）　第 1 次産業：農林水産業。第 2 次産業：製造業，鉱業，建設業。第 3 次産業：その他の産業
（出所）　内閣府『国民経済計算年報』をもとに産業別名目国内総生産の構成比を示した。

図 4.2　所得の増加による産業構造の変化（1）

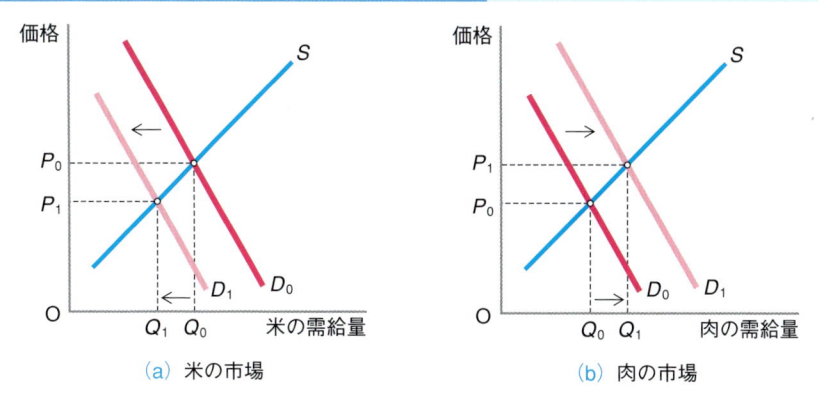

(a) 米の市場

(b) 肉の市場

の変化を考える上で最も重要な需要曲線のシフト要因は，所得の増加です。経済が発展・成長して，人々の所得が増加すると，米のような必需的な主食の需要は十分に満たされるようになるため，それらの需要は減って，食料品の中では肉や乳製品などの需要が増えます（図 4.2 (a)，(b)）。

4　資源配分と所得分配の決定

図 4.2　所得の増加による産業構造の変化（2）

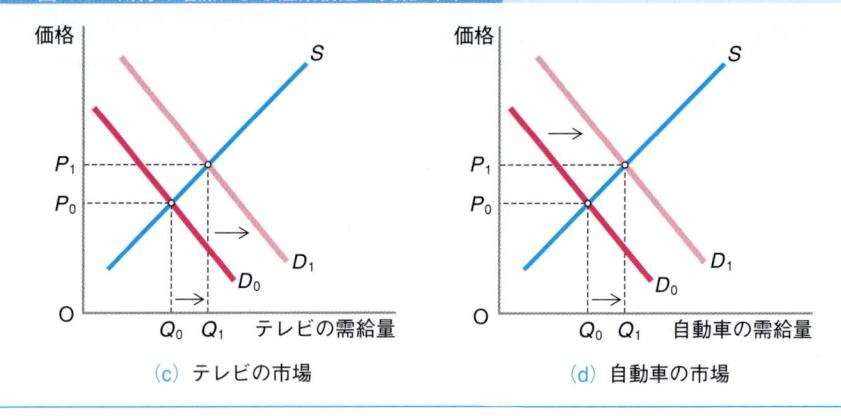

(c) テレビの市場

(d) 自動車の市場

　また，消費者は所得が増えると，それまで買えなかったテレビや自動車のような正常財（上級財）を買い求めるようになります（図 4.2 (c), (d)）。

所得の増加による需要曲線のシフト

　以上は，経済成長の過程で人々の所得が増大すると，米の需要曲線は左に，肉や乳製品などの食料品やテレビや自動車などの工業製品の需要曲線は右に，それぞれシフトすることを意味します。

左右２つのシフト

需要曲線が左にシフトした財の生産は減少し，右にシフトした財の生産は増加します。

●生産量の変化と資源配分の変化

生産量増加による投入資源の増加

　生産要素の価格と生産技術を一定とすると，生産量が増えた財に投入される資源は増加し，生産量が減った財に投入される資源は減少します。

　たとえば，戦後の高度経済成長期以降最近まで，米の耕作地などの農地は減少し続けましたが，第２次産業の工業用地や事務所用地及び流通業・金融業などの第３次産業用の土地は増加しました。これは土地という資源の配分が第１次産業では減って，第２次産業と第３次産業では増えたことを意味します。また，

図 4.3 用途別土地面積の推移

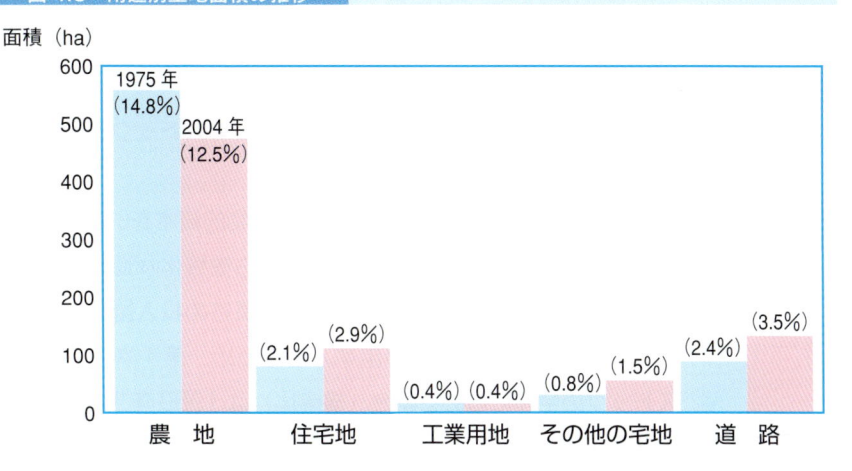

面積（ha）

- 農　地：1975 年 (14.8%)、2004 年 (12.5%)
- 住宅地：(2.1%)、(2.9%)
- 工業用地：(0.4%)、(0.4%)
- その他の宅地：(0.8%)、(1.5%)
- 道　路：(2.4%)、(3.5%)

（注）　その他の宅地は商業用や事務所用などの土地。カッコ内は全体の面積に占める割合。
（出所）　国土交通省『平成 18 年版土地白書』

　第 2 次産業と第 3 次産業の成長に伴う都市化の進展を反映して，道路や住宅地に転用される土地も増えました（図 4.3 参照）。

　産業別就業人口も農業などの第 1 次産業では，1950 年は 1,747 万人（全体の 49％）でしたが，その後，毎年のように減少し，2005 年には 297 万人（全体の 5％）になっています。一方，製造業を中心とする第 2 次産業の就業人口は 1950 年には 785 万人（全体の 22％）でしたが，2005 年には 1,607 万人（全体の 26％）に増加しています。第 3 次産業の就業人口の増加は著しく，1950 年の 1,066 万人（全体の 30％）が 2005 年には 4,133 万人（全体の 67％）に増えています。これは労働という資源の配分が第 1 次産業では減って，第 2 次産業と第 3 次産業では増えたことを意味します。

　近年では，第 2 次産業の就業人口は 1990 年の 2,054 万人がピークで，2005 年までに 450 万人減少し，その減少率は 22％

にもなります。こうした第1次産業と第2次産業における就業人口の減少の受け皿になったのは，第3次産業です（図4.4）。

同じことは，資本についてもいえます。図4.5は，1980年末と2006年第1四半期末の産業別の資本ストックとその期間の変化率を示したものです。

資本投入の配分変化

資本ストック

資本ストックとはある時点に存在する物的資本をいいます。資本の投入量は農業などの第1次産業でも機械化が進んだため増えていますが，第2次産業と第3次産業での投入量の増加の方がはるかに大きくなっています。そのため，第1次産業の資本ストックの全体に占める割合（構成比）は1980年末の9.1%から2005年第1四半期末には1.7%へと大きく低下しています。

また，近年の第3次産業の第2次産業を上回る生産量の拡大を反映して，2006年第1四半期末には，第3次産業の資本ストックの構成比（56%）は第2次産業の構成比（35%）を上回るに至っています。

いま述べたことと，すでに述べた第3次産業の国内総生産の構成比の上昇及び第3次産業の就業者数の大幅な増加とを合わせて考えると，近年の日本では，第3次産業化が大きく進展していることが分かります。

●供給の変化による生産量の変化

供給曲線のシフトから産業構造の変化を分析する

次に，供給曲線のシフトによる生産量の変化を考えましょう。工業では農業に比べて，技術進歩や労働者の熟練度の向上が大きいため，生産性の上昇による費用の低下を反映して，毎年のように，供給曲線が右にシフトします。これにより，価格が低下するため，需要が増え，その需要の増加に応じて生産量も増加します（図4.6）。

生産性の向上による供給曲線の右シフト

たとえば，卓上計算機は1972年頃は1万円もしましたが，最近では性能が当時と比べ物にならないくらいよくなった上に，

図 4.4　就業者総数と産業別就業人口構成比の推移

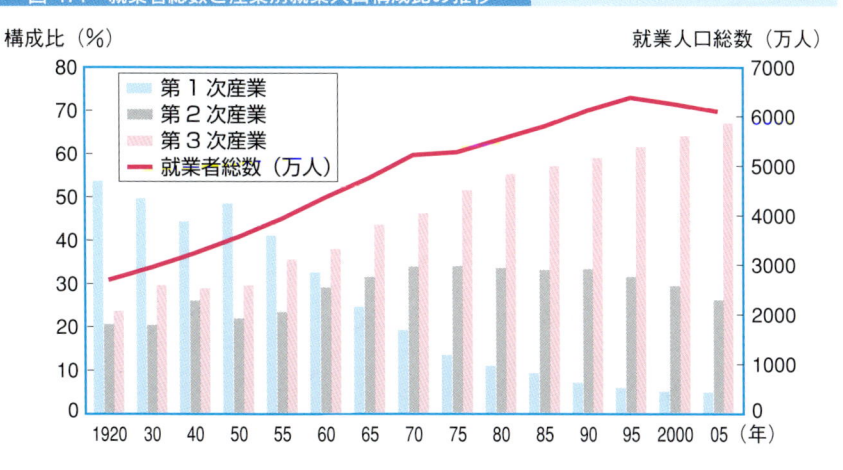

構成比（％）／就業人口総数（万人）

- 第1次産業
- 第2次産業
- 第3次産業
- 就業者総数（万人）

（注）　分類不能産業があるため，構成比の合計は必ずしも100％にならない。
（出所）　総務省『国勢調査』

図 4.5　産業別資本ストックの推移

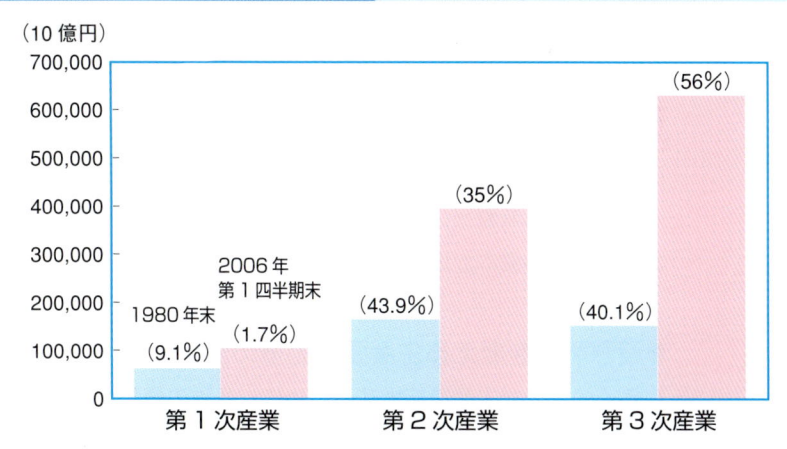

（10億円）

第1次産業：1980年末（9.1％），2006年第1四半期末（1.7％）
第2次産業：（43.9％），（35％）
第3次産業：（40.1％），（56％）

（注）　カッコ内数値は資本ストック全体に占める割合
（出所）　内閣府『国民経済計算年報』2007年

4　資源配分と所得分配の決定

図 4.6　技術進歩による価格の低下と生産の拡大

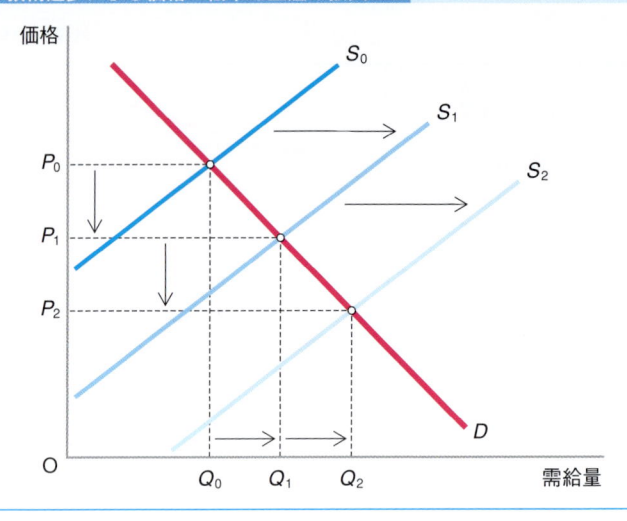

価格は1千円程度に低下しています。この価格の低下により，家族一人ひとりが卓上計算機を持っている家庭があるくらいです。

　パソコン，デジタル・カメラ，携帯電話，液晶テレビなどについても卓上計算機と同じことが当てはまります。携帯電話などは小学生までもが持つ時代です。

　こうした工業製品の生産量の増加のために，これらの財に投入される労働や資本が増加しています。

● 資源配分を変える生産要素価格の変化

　多くの企業が生産を拡大するために，各種の資源の投入量を増やそうとすれば，生産要素の供給量に限りがある限り，生産要素の価格は上昇します。

生産要素＝労働・土地・資本

　このことを，戦後の高度経済成長期に，農業に従事する就業人口が減って，製造業に従事する就業人口が増えた例をとって説明しましょう。高度経済成長期には，製造業は需要の増加に応じて

図 4.7　三大都市圏の転入超過人口の推移

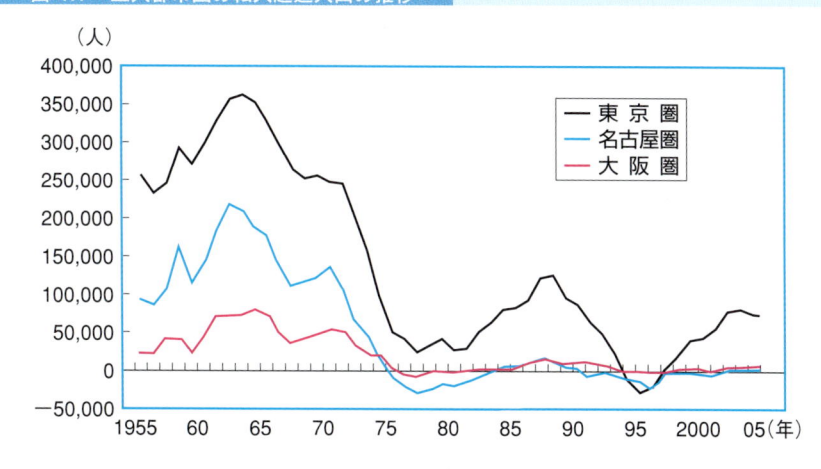

（注）東京圏：埼玉，千葉，東京，神奈川。名古屋圏：岐阜，愛知，三重。
　　　大阪圏：京都，大阪，兵庫，奈良。
　　　転入超過人口＝転入人口－転出人口
（出所）国立人口問題研究所『人口統計 2006 年版』

　生産を増やすために，より多くの労働サービスが必要になりました。当時の労働者の供給源は農村でしたから，製造業は農村から都市の工場に労働者を呼び寄せなければなりませんでした。

　多くの製造業が同時に農村から労働者を呼び寄せようとすれば，労働サービスの需要の増加を反映して，賃金は上昇します。また，都市における製造業の就業人口が増加すると，その人たちにサービスを供給する第 3 次産業も拡大し，そこでの雇用需要も増大します。この雇用需要の増加を反映して，第 3 次産業でも賃金が上昇します。

賃金の上昇

　第 2 次産業と第 3 次産業の賃金が上昇すれば，農村で働いている人々のうち都市に出て，工場や事務所や商店で働いてより多くの所得を得ようとする人が増えます。このように，第 2 次産業と第 3 次産業の賃金上昇が誘因になって，1954 年から 1971 年にかけて，農村から三大都市圏へ人口の大移動が続き（図

農村から都市への人口移動

4.7)，労働という資源の配分は農業などの第1次産業では大きく減り，第2次産業と第3次産業では大きく増えたのです。

4.2 所得分配の決定

上では，資源配分が変化する過程で，賃金などの生産要素の価格が変化することに触れました。生産要素価格は人々の所得と密接な関係があります。そこでこの節では，市場経済では人々の間の所得分配はどのようにして決まるかを説明しましょう。

●所得を決定する要因

人々の所得がどのようにして決まるかを考えるために，会社で働いている人を例にとりましょう。彼または彼女（以下，彼といいます）は会社で働いて給与を得ます。これは労働サービスを供給して，その対価として給与という名の賃金を得ていることを意味します。

賃金

彼は自宅の一部を駐車場にして人に貸しているとしましょう。駐車場から得る駐車場料金収入は，土地を貸すことから得られる地代に分類されます。

地代

さらに，彼は預金と株式を持っており，それらの資産から利子と配当を得ているとしましょう。彼が預金したり，株式を購入したりしたときの資金は企業などに供給され，企業はその資金で原材料や設備などを購入します。原材料や設備などの生産された耐久生産物は資本と呼ばれ，生産要素の一種です。したがって，彼は預金したり，株式を購入したりすることを通じて，最終的には，資本という生産要素を供給していることになります。

以上から，彼は労働，土地，資本などの生産要素を供給して，賃金，地代，利子・配当などの所得を得ていることが分かります。

これらの所得の合計が彼の総所得です。つまり，市場経済では，人々は自分が供給する生産要素の対価として所得を得ています。そこで，これらの所得を生産要素所得といいます。

供給する生産要素の対価＝生産要素所得

以上の所得以外にも，土地や株式を持っていると，地価や株価の上昇によって，値上がり益という所得が得られることもあります。しかし，本書ではこれらの値上がり益は捨象して考えましょう。

ここで，預金などの利子率と株式1単位当たりの配当である配当率とを区別せずに，利子率と呼ぶと，各個人の1年間の総所得は次のように表されます。

総所得

> 総所得＝賃金所得＋地代所得＋利子・配当所得
> 　　　＝1年間の労働サービスの供給量×賃金率
> 　　　　＋1年間の土地サービスの供給量×地代
> 　　　　＋1年間の資本サービスの供給量×利子率　　　　(4.1)

賃金率

ここに，賃金率とは労働時間当たりの賃金です。

●生産要素の供給

(4.1)から分かるように，人々の総所得を決める大きな要因は，その人が供給する生産要素の価格です。それでは，生産要素の価格はどのようにして決まるでしょうか。生産要素の価格も消費財の価格と同じように，その生産要素に対する需要とその生産要素の供給とが等しくなるように決まります。このことを，生産要素のうちの労働を例にとって説明しましょう。

総所得は供給する生産要素の価格で決まる

生産要素の価格はどのようにして決まるか

労働サービスといっても，実際には，さまざまな種類の労働サービスがあります，しかし，話を分かりやすくするために，はじめに，すべての労働サービスは同じであると仮定しましょう。

図4.8は横軸に労働サービスの量を，縦軸に名目賃金率（労働サービス時間当たりの名目賃金）をとったものです。労働サービスの量は労働時間で測るとしましょう。名目賃金率とは貨幣で

労働時間

表した賃金率のことです。給与表に示された賃金率は名目賃金率です。図 4.8 では，消費者物価や個々の財の価格は一定と仮定しています。

　右上がりの曲線 S は家計の労働サービス供給曲線です。ここでは，家計の労働サービスは消費者物価を一定として，名目賃金率が上がれば増加すると仮定しています。消費者物価とは標準的な家計の生計費のことです。消費者物価が一定であれば，生計費も一定ですから，名目賃金率が上がれば，家計はより多くの財を消費することができます。ここでは，家計は労働サービスの供給によってより多くの消費財を買えるようになるのであれば，より多くの時間働こうとすると仮定しましょう。この仮定の下では，図 4.8 のように，家計の労働サービス供給曲線 S は右上がりになります。

●生産要素の需要

　次に，労働サービスの需要を考えましょう。図 4.8 の右下がりの曲線 D は企業の労働サービスの需要曲線です。これは名目賃金率が下がれば，企業の労働サービス需要は増えることを意味しています。それでは，なぜ名目賃金率が下がると，企業の労働サービス需要は増えるのでしょうか。

　説明を分かりやすくするために，企業が生産において投入量を変えられる生産要素は労働サービスだけであるとしましょう。そうすると，労働サービス以外の生産要素の投入量は財の生産量が変化しても変わりません。このような財の生産量が変化しても投入量が変化しない生産要素を固定的生産要素といいます。企業はこれらの固定的生産要素に対しては，財の生産量にかかわらず一定額を支払わなければなりません。これを固定費用といいます。

　ここでは，個々の企業が供給する財の価格は一定であると仮定しています。いま問題にしている企業が供給している財の価格を

図 4.8 各目賃金率の決定図

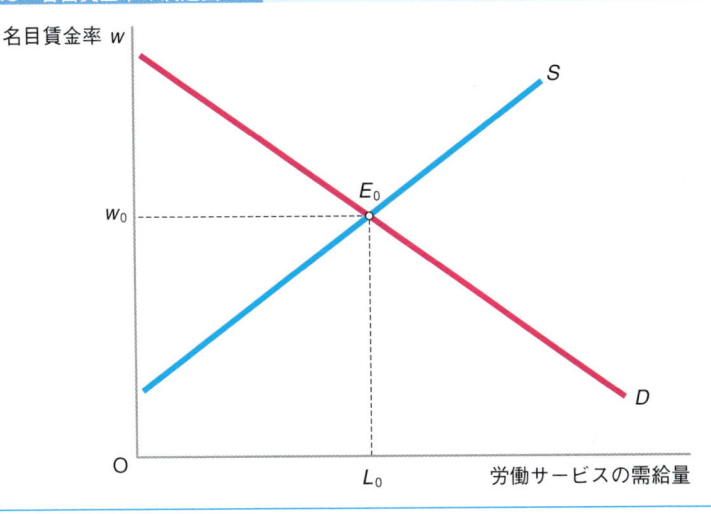

名目賃金率 w 軸、労働サービスの需給量を横軸とし、供給曲線 S と需要曲線 D が点 E_0 で交わり、均衡賃金率 w_0 と均衡労働量 L_0 が決まる図。

P_0 とし，その供給量を Q としましょう。労働者一人当たりの名目賃金率を w，労働サービス投入量を L とします。ここでは，話を分かりやすくするために，労働者一人当たりの労働時間は固定されており，企業は労働サービス投入量を雇用する労働者の数で調整すると仮定しましょう。以上から，企業の利益は次のように表されます。

企業の利益 $= P_0 \times Q - w \times L -$ 固定費用 (4.2)

$P_0 \times Q$ は売上高，$w \times L$ は賃金費用をそれぞれ表します。(4.2)から，P_0，Q 及び L を一定として，一人当たりの名目賃金率 w が低下すれば，企業の利益は増加することが分かります。そこで，企業は労働者を今までよりも多く雇って，財の生産量と供給量 Q を増やし，得られる利益を増やそうとするでしょう。

以上から，企業が販売する財の価格を一定とすると，企業の労働サービス需要は名目賃金率が低下すれば増加することが分かり

ます。したがって，企業の労働サービス需要曲線は図4.8の曲線Dのように右下がりになります。

●生産要素の価格の決定

名目賃金率は図4.8の労働サービス供給曲線Sと労働サービス需要曲線Dの交点に対応するw_0に決定されます。このとき労働サービスの供給量と需要量は一致してL_0になり，労働市場は均衡します。

労働市場の均衡

賃金所得の決定
個々の家計の1年間の賃金所得は，この名目賃金率に個々の家計の中で1年間企業で働いた人の延べ労働時間数をかけたものになります。

利子率・地代の決定
資本サービスの供給の対価である利子率や土地サービスの供給の対価である地代も，名目賃金率と同じように，それらの生産要素の供給曲線と需要曲線との交点で決まります。

●製造業人口の増加──農村から都市への人口移動（1）

農業と製造業の労働の生産性の違い
上では，家計が供給する労働の生産性の違いを考慮に入れずに，名目賃金率がどのように決まるかを説明しました。しかし，労働の生産性は産業ごとや企業ごとに異なるのが普通です。ここでは，戦後の高度経済成長期の農村から都市への人口の大移動を考えるために，農業と製造業の労働の生産性の違いに注目しましょう。

製造業における技術進歩

労働生産性の上昇
一般に，製造業では技術進歩が農業よりも急速に進みます。戦後日本の高度経済成長期もそうでした。製造業で技術進歩が急速に進むと，労働生産性は急速に上昇します。労働生産性とは一人の労働者が一定の時間に作り出す財の量のことです。(4.2)に即していえば，労働生産性が上昇すると，雇用者数Lが同じでも，生産される財Qは増加します。(4.2)から，雇用者数Lが同じで，生産されるQが増えれば，企業の利益は増えることがわかります。そこで，企業はいままでよりも多くの労働サービスを投入し

図 4.9　高度経済成長期の製造業の雇用者数と名目賃金率の変化

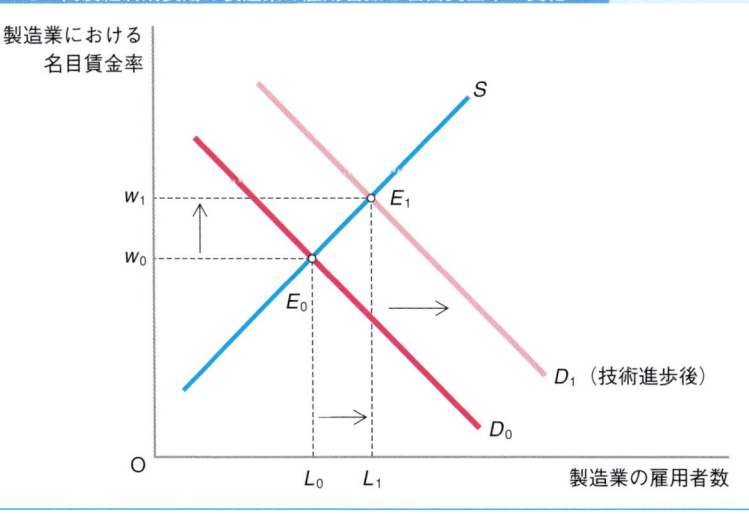

労働サービス需要の増加

これは図4.9のように，製造業で労働生産性が上昇すると，製造業の労働サービス需要が増えるため，労働サービス需要曲線が右にシフトすることを意味します。このシフトにより，製造業では，名目賃金率が上がり，雇用者数が増えることが分かります。

農村から都市への人口移動

この製造業で増えた雇用者は農村から都市に移動した人です。

労働生産性が大きく上昇するとともに，雇用者数の増えた製造業では，財の生産量が大きく増加します。

●農業人口の減少──農村から都市への人口移動（2）

農業における技術進歩

一方，農業では，製造業とは逆の現象が起きます。農業でも技術進歩が起きますが，それによる労働生産性の上昇は製造業に比べると大きくありません。そのため，図4.10のように，農業における労働サービス需要曲線の右へのシフトは小さなものにとどまります。

⑷　資源配分と所得分配の決定

図4.10 高度経済成長期の農業従事者の変化

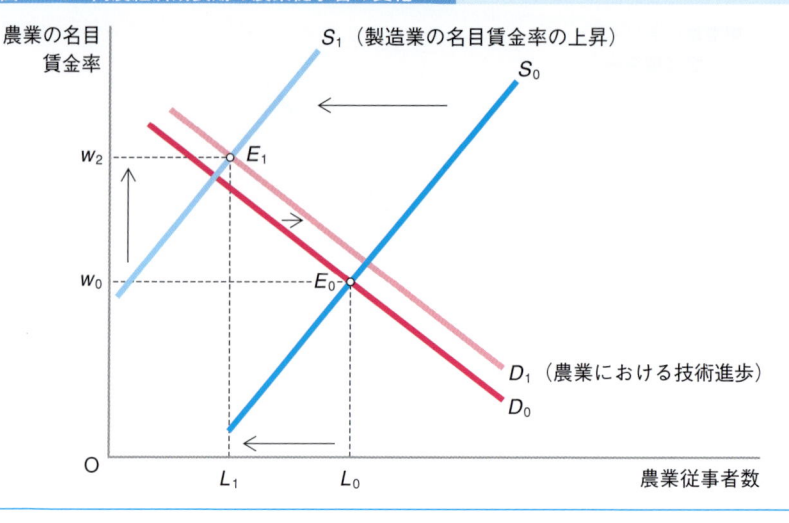

縦軸：農業の名目賃金率　横軸：農業従事者数

S_1（製造業の名目賃金率の上昇），S_0，D_1（農業における技術進歩），D_0，E_1（w_2, L_1），E_0（w_0, L_0）

　一方，製造業で名目賃金率が上昇すると，農業における名目賃金率が変わらなければ，製造業で働いた方が有利になります。そのため，農業で働いていた人のうち，農村から都市へ出て，より高い賃金が得られる製造業で働こうとする人が増えます。この人口移動によって，農業における労働者数は減少しますから，農業における労働サービス供給曲線は図4.10のS_0からS_1のように大きく左にシフトします。その結果，農業に従事する労働者数は減少します。

　しかし，図4.10のように，農業従事者の減少と労働生産性の上昇とにより，農業でも名目賃金が上昇します。この名目賃金の上昇により，製造業と農業の名目賃金の格差は縮小します。

農業における
名目賃金の上昇

●労働サービスの希少性と賃金格差

労働サービスの
供給量による産
業ごとの賃金格
差

　上では，製造業における労働生産性が農業における労働生産性よりも高いために，製造業の賃金は農業の賃金よりも高くなることを示しました。こうした産業ごとの賃金格差は労働サービスの

図 4.11 労働サービスの供給の差と賃金格差

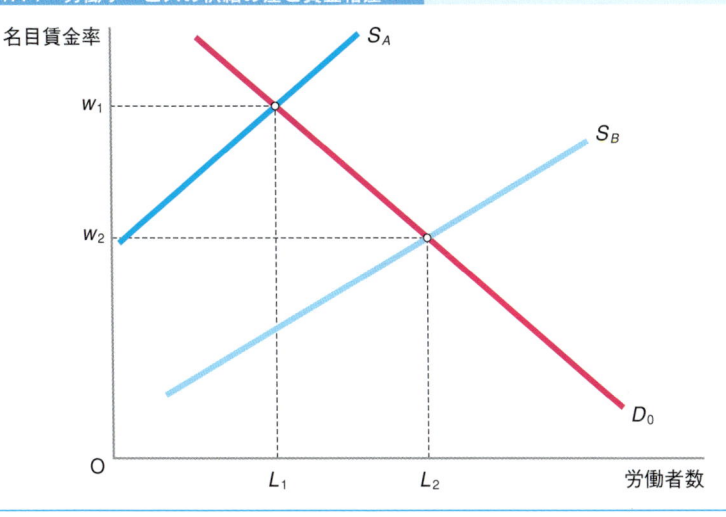

供給量の違いによっても生じます。

いま 2 つの産業――A 産業と B 産業とします――において，労働生産性が同じであるなど，労働サービス需要曲線の位置と形状を決める条件はまったく同じであるとしましょう。図 4.11 の曲線 D は 2 つの産業 A と B に共通の労働サービス需要曲線を表したものです。

それに対して，産業 A における労働サービス供給曲線は図 4.11 の S_A，産業 B における労働サービス供給曲線は図 4.11 の S_B とします。名目賃金率は産業 A では w_1 に，産業 B では w_2 に決まり，産業 A の方が産業 B よりも高くなっています。2 つの産業でこのような賃金格差が生じたのは，労働サービス供給曲線が異なるからです。労働サービス供給曲線 S_A と S_B を比べると，どの名目賃金率をとっても，産業 A の方が産業 B よりも労働サービスの供給量は少なくなっています。

このことから，名目賃金率は労働サービス供給量の少ない産業 A の方が，それが多い産業 B よりも高くなることが分かります。

供給曲線の違いによる賃金格差

4 資源配分と所得分配の決定

労働サービスの希少性の問題

産業 A における労働サービス供給量が産業 B におけるそれよりも少ないことは，産業 A が求める労働サービスは産業 B が求める労働サービスよりも「希少性」が高いことを意味します。

　以上から，希少性の高い労働サービスを供給できる人ほど，高い賃金を獲得できることが理解できるでしょう。たとえば，産業 A をプロ野球産業と考えれば，名目賃金率はプロ野球選手の年俸になります。プロ野球選手の中で優秀な選手の年俸は一般のビジネスマンよりも著しく高くなります。それは，プロ野球で活躍できるだけの能力を持った人が極めて少ないからです。つまり，イチローや松井秀喜といった一部のプロ野球選手の年俸が著しく高いのは，かれらのプロ野球選手としての希少性が著しく高いからなのです。

4.3　単純な経済循環

●家計と企業

経済循環

　以上で，資源配分と所得分配の決定を説明しました。そこで，これらの 2 つの経済問題の決定を 1 つの経済循環として捉えておきましょう。

生産物市場

　図 4.12 は家計と企業とから構成される市場経済の仕組みあるいは経済循環を示したものです。図の上半分は生産物市場を表しています。企業はさまざまな財・サービスを生産して，家計に供給すると仮定しています。ここでは，話を単純化して分かりやすくするために，企業は消費財だけを生産し，機械のような資本財は生産しないと仮定していますから，生産要素としての資本は存在しません。

　家計のさまざまな財・サービスに対する需要と企業のさまざまな財・サービスの供給とが等しくなるように，さまざまな財・サ

図 4.12　経済循環

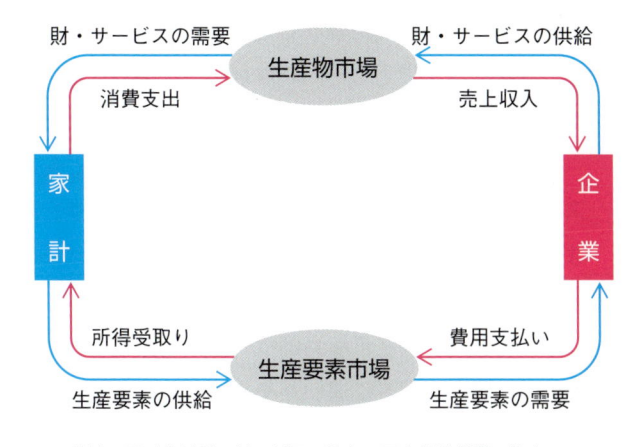

```
         財・サービスの需要        財・サービスの供給
              ┌──── 生産物市場 ────┐
              │  消費支出    売上収入  │
          ┌───┤                      ├───┐
          │家 │                      │企 │
          │計 │                      │業 │
          └───┤                      ├───┘
              │  所得受取り  費用支払い │
              └──── 生産要素市場 ────┘
         生産要素の供給          生産要素の需要
```

（注）アオ線は財・サービスの流れ，アカ線は貨幣の流れ。

ービスの価格と需給量が決定されます。このようにして決定されたそれぞれの財・サービスの需給量が，それぞれの財・サービスの生産量になります。

生産要素市場　　図 4.12 の下半分は生産要素市場を表したものです。生産要素を需要するのは企業です。企業は生産物市場で決まった生産量を，できるだけ安い費用で達成できるように土地と労働の組合せを選択します。ここでは，資本財は存在しないと仮定していますから，生産要素としての資本も存在しません。また，天然資源も捨象して考えています。

一方，生産要素を供給するのは家計です。家計は企業に対して土地と労働などの生産要素を供給して，所得を得ようとします。**労働サービスの提供**　その際，家計が企業に供給する労働サービスは，家計の労働を一定期間使用する権利で，その対価として家計は賃金を受け取ります。

家計が土地を供給する場合には，その所有権を企業に売るか，もしくは企業に土地を一定期間使用する権利を与えるかのいずれ

4　資源配分と所得分配の決定

かになります。ここでは，家計は企業に土地を一定期間使用する権利を与えて，その対価として地代を受け取るとしましょう。このとき家計は土地そのものではなく，土地サービスを企業に供給するといいます。

土地サービスの提供

名目賃金率の決定

名目賃金率は家計による労働サービスの供給と企業の労働サースに対する需要とが等しくなるように決まります。同様に，地代は家計による土地サービスの供給と企業の土地サービスに対する需要とが等しくなるように決まります。

地代の決定

この場合，さまざまな労働サービスと土地サービスについて，その供給量と生産性に違いがあれば，それらの違いを反映して，異なる労働サービスや異なる土地サービスごとに，決定される名目賃金率と地代も異なります。

●家計と企業から構成される経済循環

家計は生産要素市場で企業に土地サービスと労働サービスを供給して賃金と地代という所得を得ます。家計はこのようにして獲得した所得を生産物市場で消費財の支出に使います。家計の消費財支出は企業の売上高になります。企業はこの売り上げによって家計に支払った賃金と地代という費用をまかなうことができます。

貨幣の流れ

市場経済では，所得は貨幣の獲得という形をとります。家計は企業に土地サービスと労働サービスを供給して貨幣を獲得します。このとき，土地サービスと労働サービスの2つのサービスは家計から企業に流れ，貨幣は企業から家計に流れます。

家計は企業から生産要素の供給の対価として受け取った貨幣で，企業から財・サービスを購入します。このとき，財・サービスは企業から家計に流れる一方，貨幣は家計から企業に流れます。

財・サービスと貨幣の循環

以上から，貨幣は財・サービスと逆方向に流れながら，家計と企業の間を循環することが分かります。市場経済では，このような財・サービスと貨幣の循環を通じて，土地や労働といった資源

がどのような財・サービスの生産のために配分されるかという資源配分の問題と，各々の家計がどれだけの所得を得るかという所得分配の問題とが，同時に解決されているのです。

　ここでは，経済主体を家計と企業とに大別し，家計と企業とから構成される経済循環を説明しました。実際の経済では，これらの経済主体の他に考慮すべき重要な経済主体として，政府と外国が存在します。

_{政府と外国の存在}

◆ 練習問題

1　次のカッコ内を適切な言葉で埋めて，経済学的に意味のある文章にしなさい。
　(1)　経済成長の過程で人々の（ア）が増加すると，白黒テレビの需要曲線は（イ）に，カラーテレビの需要曲線は（ウ）にシフトする。

　(2)　情報産業の労働生産性が上昇すると，情報産業の労働サービス需要曲線は（エ）にシフトし，他の事情が一定であれば，情報産業における名目賃金は（オ）し，情報産業で働く人は（カ）する。

　(3)　他の事情を一定として，家計の自動車保有が増えると，駐車場サービスに対する需要曲線は（キ）にシフトし，面積で計った駐車場の供給量は（ケ）する。

2　家計の所得が増えるにつれて，消費支出に占める食費の割合——これをエンゲル係数という——は低下するというエンゲルの法則がある。実際にこの法則が成立しているかどうかを総務省の『家計調査』のデータで調べなさい。また，この法則が成立しているとすれば，なぜか。

3　エンゲルの法則が成立すれば，戦後の日本のように毎年のように家計の平均所得が増えれば，時系列で見て，エンゲル係数は低下すると予想される。実際にはどうかを総務省の家計調査のデータで調べなさい。

4　総務省の『家計調査』のデータを使って，外食サービス，住居，保健医療，衣服・履物，教育，教養娯楽などへの支出の消費支出に占める割合が，収入階級別でどう異なるか，また，時系列で見てどのように変化したかを調べなさい。

5　4で調べた教育費の消費支出に占める割合の時系列データの変化を参考にして，1980年代から90年代半ばにかけて教育塾や予備校などの教育サービス産業が拡大した理由を適切な需要と供給に関する図を用いて説明しなさい。

第5章

政府の役割

- 5.1 法による支配
- 5.2 資源配分と政府
- 5.3 所得再分配と政府

　これまでは，経済主体を家計と企業に大別し，家計と企業とから構成される市場経済の仕組みを説明してきました。
　実際の市場経済には，経済主体として家計と企業以外に政府が存在し，資源配分と所得分配に関して大きな役割を担っています。この章では，政府はなぜそのような役割を担っているかを検討し，日本では，政府はそのような役割をどの程度担っているかを説明します。

5.1 法による支配

●政府による交換のルールの設定

市場経済では，家計と企業，家計同士，及び企業同士の交換を通じて資源配分と所得分配が決まります。その場合，交換は各経済主体にとって自発的なものでなければなりません。

<small>市場における自発的交換</small>

しかし，市場における自発的交換はまったくの自由放任主義的な市場では達成されません。たとえば，取引相手が嘘をついたときの取引は自発的とはいえません。

<small>交換のルールの必要性</small>

そこで，交換が行われる前に，自発的な交換のルールを定めなければなりません。この交換のルールは交換当事者がその都度決めることも可能です。実際に交換ごとに交わされたルールが積み重ねられて，商慣行が形成されてきました。

<small>一般的な交換のルールの整備・確立</small>

しかし，交換のたびごとにルールを設定したり，商慣行にだけ頼って交換するよりも，ルールを成文化し，そのルールをどの交換に対しても適用するようにした方が，交換の際にかかる費用を引き下げることができます。交換の際の費用が低下すれば，交換も活性化するでしょう。こうした一般的な交換のルールを決めることが政府の第1の役割です。

<small>財・サービスの使用権・所有権の明確化</small>

第1章1.2節で触れましたが，政府が決めるべき交換のルールの中で最も重要なルールは，財・サービスの所有権と使用権にかかわるものです。財・サービスの所有権が誰にあるのかが法的に確立していなければ，そもそも交換は成り立ちません。というのは，財・サービスの所有権を法的に認められた経済主体だけが，その財・サービスの所有権または使用権を誰に与えるかという権利を持っているからです。

●ルールを順守させる政府の機能

しかし，政府が交換のルールを法で定めても，交換のルールを

守らない者が現れます。たとえば，家計や企業の中には交換すると約束しておきながら，いつまでたっても約束を履行しない家計や企業が現れる可能性があります。

　そのような場合には，政府は警察や司法制度を整備して，交換を履行しない者に対して，強制的に交換を履行させたり，履行を遅らせることによって交換の相手方に与えた損害を賠償させたりする必要があります。

履行の強制・損害賠償

　交換は自発的なものでなければなりませんが，暴力や脅迫を伴った強制的交換や詐欺が介在した交換，あるいは商品の質を偽った交換などは，自発的交換とはいえず，不正な交換です。そこで，不正な交換に対しては，不正な交換から損害を受けた者に対する損害賠償や不正行為を処罰する制度が必要になります。

不正な交換の処罰

　このように，人々に法を順守させ，順守しなかった者に対してはペナルティを課すという仕事が，政府の第2の役割です。

法による支配

　以上のような政府の役割は「法による支配」とか「法による統治」と呼ばれます。交換のルールを法的に確立し，それを順守させる制度が整備されて始めて，市場の資源配分機能と所得分配機能が働くことになります。

　表5.1は2005年度の政府の目的別支出を示したものです。この表の公共の秩序・安全のための支出は，以上に述べた「法による統治」のために政府が2005年度に支出した金額に相当すると考えられます。この支出は国内総生産（GDP）の1.4%で，政府支出全体に占める割合は3.8%です。なお，国内総生産（GDP）については，次章で説明します。

表 5.1 政府の目的別支出（2005 年度）

	10 億円	対GDP比(%)	構成比(%)
1. 一般公共サービス	10,518	2.1	5.9
2. 防　　衛	4,863	1.0	2.7
3. 公共の秩序・安全	6,854	1.4	3.8
4. 経済業務	26,985	5.4	15.1
5. 環境保護	8,489	1.7	4.7
6. 住宅・地域アメニティ	3,865	0.8	2.2
7. 保　　健	35,523	7.1	19.8
8. 娯楽・文化・宗教	757	0.2	0.4
9. 教　　育	20,929	4.2	11.7
10. 社会保護	60,372	12.0	33.7
合　　計	179,155	35.9	100.0

（出所）内閣府『国民経済計算統計』2006 年度

5.2　資源配分と政府

●市場の失敗

　市場にはさまざまな資源をどのような財・サービスの生産に使用するかを決める資源配分機能があります。しかし，市場の資源配分機能が社会的な利益を最大にするためには，いくつかの条件が必要です。実際の市場において，この条件が満たされないとき，「市場は最適な資源配分に失敗する」といいます。

最適な資源配分の失敗

　市場が最適な資源配分に失敗するのは，次のような場合です。
　（1）　市場が競争的でないケース。
　（2）　公共財のケース。
　（3）　外部性が存在するケース。
　（4）　情報の不完全性のケース。
　市場が最適な資源配分に失敗する場合には，政府による資源配

分の修正が求められます。そこで，次に，以上の4つのケースについて，政府の役割を検討しましょう。

●費用逓減産業と規制

競争が働かない場合

　生産における技術的な理由で，供給者の間に競争が働かないため，自由な市場に任せておくと，消費者の利益が大きく損なわれて，市場の失敗が起きる場合があります。

　たとえば，ある2つの地域を結ぶ鉄道を考えてみましょう。鉄道サービスを供給するためには，運行回数にかかわらず，一定の軌道設備，信号，駅舎などが必要です。これらの設備の設置と維持には費用がかかります。この費用は，鉄道運行回数にかかわらず必要になる費用という意味で固定費用になります。

　鉄道サービスの場合には，この固定費用が全体の費用のうちの極めて大きな部分を占めます。そのため，運行回数が多くなればなるほど，運行1回当たりの費用は低下します（図5.1の費用逓減産業の平均費用を参照）。

　鉄道運行1回当たりの費用は，鉄道サービスの平均費用です。そこで，鉄道のように平均費用が供給量（鉄道の場合は運行回数）の増加と共に低下することを規模（規模は供給量の大きさで測ります）の経済（スケール・メリット）が大きいといい，そのような産業を費用逓減産業といいます。

規模の経済・スケール・メリット

費用逓減産業

　それでは，もしも，同じ地域を2つの鉄道会社が鉄道を走らせようとすれば，どうなるでしょうか。1社当たりの利用者が減るため，両社共に運賃収入が減ります。そのため，両社共に大きな固定費用をまかなった上で，利益を上げることはできなくなる可能性があります。固定費用が大きい場合には，2社以上が利益を上げながら存在することは困難なのです。

　そのため，自由な競争市場ではどちらか1社が勝ち残るまで競争し続けることになり，その結果，独占になる可能性があります。

図 5.1 費用逓減産業の特徴

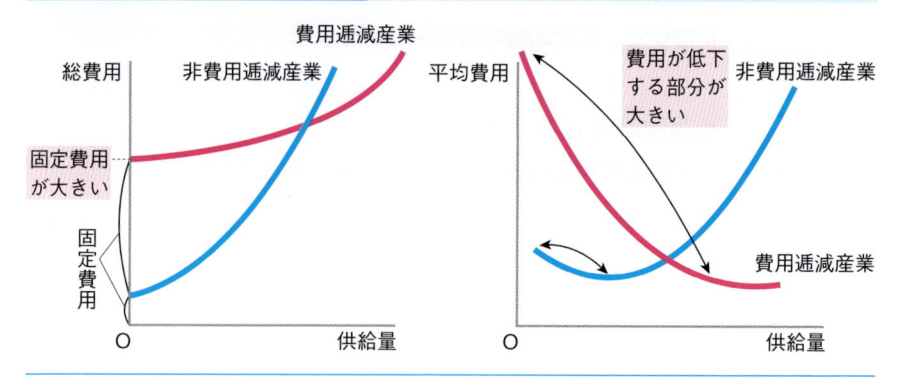

消費者の不利益　1社独占になれば，その1社は競争相手がいませんから，鉄道料金を大幅に引き上げようとするでしょう。消費者は価格が大幅に引き上げられても，鉄道以外の交通手段がない場合には，この鉄道を利用するしかありません。そのため，鉄道を利用することによって消費者が受ける利益は大きく損なわれます。

このように，鉄道のような費用逓減産業による財・サービスの供給を市場の自由な競争に任せておくと，消費者の利益が大きく損なわれ，市場の失敗が起きる可能性があります。

そこで，消費者の利益を守るためには，政府は①自ら鉄道サービスを供給し，その料金を消費者の利益を損なわないように設定するか（国家独占のケース），②ある地域間の鉄道サービスの供給について，特定の私企業に独占を認める代わりに，その独占企業に供給義務を課すとともに，料金を不当に上げないように規制するか，どちらかの方法をとる必要があります。

国家独占

価格規制

公益事業　鉄道，電力，ガス，上下水道，電話などの費用逓減産業は，公益事業と呼ばれ，これまで多くの国で，国営企業か政府によって価格を規制された私的独占企業かのどちらかによって供給されてきました。

しかし，これらの産業も需要が大きくなれば，複数の企業が存

規制の見直し

在しても各々採算がとれるようになります。また，鉄道のような輸送サービスの場合には，航空輸送や自動車輸送という競争相手も存在します。したがって，さまざまな輸送手段を考えると，各々の運送サービス企業が価格を吊り上げることのできる独占力はかなり小さくなります。各企業の価格を吊り上げる独占力が弱まれば，政府が価格を規制しなくても，企業は消費者の利益を損なうような高い価格を設定できなくなります。

技術の進歩

さらに，技術が変化するにつれて，従来は規模の経済が大きいと考えられていたサービスも，それほど大きくはなくなってきました。たとえば，電話の場合には市内電話は規模の経済は大きいと考えられますが，長距離電話の場合にはそれほどでもありません。そのため，鉄道の軌道上や高速道路上に電話線を敷設して，数社が長距離電話サービスを供給しても，どの企業も採算がとれるようになります。

以上のように，需要が大きく増大したり，生産技術が変化したりする場合には，独占を認めるよりも，複数の企業による供給を認めて，各企業の競争を維持するような政策を採用した方が，消費者の利益が増大する可能性が高まります。

市場競争の導入

民営化

こうした可能性を考慮して，日本では，1980年代に，日本電信電話公社がNTTとして民営化されるとともに，民間企業に長距離電話事業への参入が認められました。

●政府が無料で公共財を供給する理由

公共財

政府は国防，裁判，検察，警察，消防，治水，港湾，有料道路を除く一般道路などのサービスを，サービスを受ける主体から料金をとらずに，供給しています。これらのサービスは公共財と呼ばれます。政府はなぜこれらの公共財を無料で供給しているのでしょうか。この問題を，国防を例にとって考えましょう。

国防サービスは外国の攻撃から国民を守るサービスです。国民

は実際に外国からの攻撃を受けた場合はもちろん、攻撃を受けない場合も、軍隊が存在することそれ自体によって、外国の攻撃から守られるという意味で、国防サービスを消費しているといえます。それは、軍隊が存在すること自体が外国からの攻撃を抑止する効果を持っているからです。

このようにして、すべての国民は国防サービスに対して料金を支払わなくても、そのサービスを消費できます。これを「すべての国民は国防サービスの消費から排除されない」といいます。

それに対して、多くの財・サービスは価格や料金を負担しない者はその財・サービスを消費できません。つまり、対価を支払わない者は消費から排除されます。これを「排除の原則」といいます。排除の原則が適用される財・サービスを私的財といい、公共財と区別します。

> 排除の原則
> 私的財

国防サービスは、「消費における排除の原則」が適用されないサービスです。それでは、なぜ、国防サービスには「排除の原則」が適用されないのでしょうか。

ある財・サービスを追加的に供給するときにかかる費用を「限界費用」といいます。多くの財・サービスの限界費用はプラスになります。たとえば、本を考えてみましょう。ある人が本を読めば、他の人は同じ本を読めません。あえて読もうとすれば、2人とも読みにくくなり、1人で読むときと同じ効用を得ることはできないでしょう。

> 限界費用＝追加的供給にかかる費用

2人の人がある本の読書から同じ質のサービスを同時に得ようとすれば、その本は2冊必要になります。2冊目の本を供給するためには費用がかかりますから、本を供給するときの限界費用はプラスになります。

本のように、ある人があるサービスを消費すると、他の人の消費が妨げられることを、お互いの人の消費が競合するという意味で、「消費の競合性」といいます。消費の競合性という性質を持

> 消費の競合性

図5.2　限界費用と消費の競合性

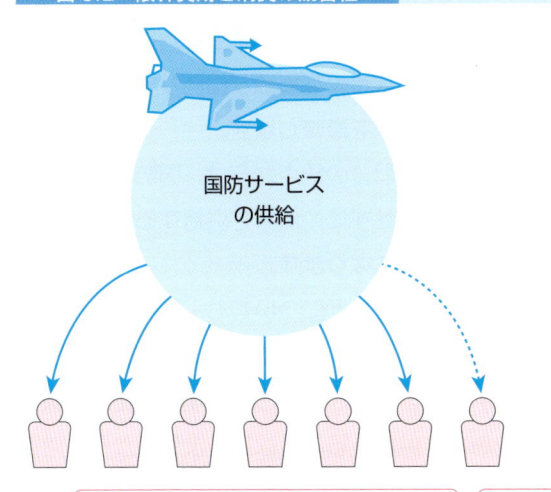

国防サービスの供給

1人増えても追加的費用はかからない
〈限界費用ゼロ＝消費の非競合性〉

パソコンの使用サービスの供給

1人増えると同じサービスの供給にはもう1台増やさなくてはならない
〈限界費用プラス＝消費の競合性〉

つ財を供給するときには，限界費用はプラスになります。

市場経済では，少なくとも財・サービスの消費者がこの限界費用を負担してくれなければ，供給者は採算がとれません。

限界費用がゼロの場合

しかし，財・サービスの中には消費の競合性がないために，限界費用がゼロのものがあります。たとえば，国防サービスを消費する人が1人増えても，追加的費用はかかりません（図5.2）。つまり，いったんある規模の軍隊ができると，国防サービスについては消費が競合しないため，消費する人が増えても追加的な費用をかけずに，その人を外敵から守ることができます。このような財の性質を，ある人の消費が他の人の消費を妨げないという意味で，「消費の非競合性」といいます。

消費の非競合性

消費者が増えても，その消費者に追加的な費用――つまり，限界費用――をかけることなく，国防サービスを供給できるのであれば，無料で供給して，すべての国民が国防サービスを消費でき

国民全体の利益の増大　るようにした方が，国民全体の利益は増大します。

　このように，国民全体の利益が増大するように，国防サービスを供給することは，さまざまな希少な資源が国防サービスの供給のために最適に配分されたことを意味します。

　以上のように，最適な資源配分の観点からは，国防サービスの消費に対して排除原則を適用せずに，無料で供給することが，社会全体にとって望ましいことになります。

　消防，警察，治水，一般道路などについても，最適な資源配分の観点からは，それらのサービスを供給する際の限界費用がゼロ消費の非競合性を持つ財は政府が供給である限り，無料で供給することが支持されます。私企業は原則的に財・サービスを無料で供給することはできませんから，消費の非競合性という性質を持つために，限界費用がゼロになる財は政府が供給しなければなりません。同じことは，裁判や検察などの「法による統治」のためサービスの供給にも当てはまります。

　このような財が公共財です。市場は最適な資源配分の観点から見て，公共財の最適な供給に失敗しますから，公共財は市場の失敗の一例です。

公共財：定義　ここで，公共財を定義しておきましょう。

　「公共財とは，消費の非競合性という性質を持つ財・サービスで，排除費用の多寡にかかわらず，無料で供給される財である」

　公共財は消費する人に無料で供給されます。しかし，政府が公共財を供給するためには，費用がかかります。この費用は税金によってまかなわれることになります。

　表 5.1 に示されているように，2005 年度の国防サービス支出額（表の防衛の項）の対 GDP 比は 1％で，政府支出全体の 2.7％を占めています。

　表 5.1 の一般公共サービス，防衛，及び公共の秩序・安全は上で定義した公共財にほぼ一致していると考えてよいでしょう。2005 年度のこれらの支出の合計は GDP の 4.5％，政府支出全

体の 12.4% を占めています。

表 5.1 の経済業務の中には，道路や港湾などの公共財が含まれています。したがって，それらを含めると，公共財支出の対 GDP 比は 4.5% よりもかなり大きくなると考えられます。

●混雑費用と公共財

政府によって無料で供給されている財・サービスも，利用者が多くなると，お互いの消費が競合するようになるため，限界費用はプラスに転じます。

たとえば，一般の自動車道路を考えてみましょう。自動車交通量がある一定以下の水準にとどまっていれば，どの自動車も法定速度で走れます。しかし，自動車交通量がある水準を超えると，渋滞が起き，どの自動車も法定速度よりも遅い速度でしか走れなくなります。

これは一般自動車道路サービスの消費が競合するようになって，サービスの質が低下したことを意味します。このサービスの質の低下による自動車道路利用者の利益の減少は，道路サービスの限界費用の増加と考えることができます。

混雑費用の発生

自動車交通量の増加によって，限界費用がプラスに転ずることを「混雑費用」が発生するといいます。混雑費用が発生した場合には，限界費用を消費者に負担させることによって，消費量を抑制した方が消費者全体にとって利益は増大します。このとき消費者が負担する料金を混雑料金といいます。

混雑料金

たとえば，一般の自動車道路についても，自動車に電子的な識別装置の設置を義務付け，道路上に設置したセンサーで自動車を識別して，混雑料金を取ることが可能です。

混雑料金を徴収する自動車道路は公共財ではなくなり，公共財に準ずるという意味で，準公共財といいます[次頁1)]。

準公共財

5　政府の役割

●外部性による市場の失敗

市場が最適な資源配分に失敗する第3のケースは，外部性です。

外部性とは，交換の当事者以外の者が当該の交換から利益を得たり，不利益を被ったりすることをいいます。交換の当事者以外の者が利益を受ける外部性を「外部経済」といい，交換の当事者以外の者が不利益を被る外部性を「外部不経済」といいます。はじめに，外部不経済の例を考えましょう。

自発的交換が交換当事者だけでなく，社会全体にとっても利益になるためには，交換の当事者以外の者が当該の交換から不利益を受けないという前提条件が必要です。

交換の当事者以外が当該の交換から不利益を受ける「外部不経済」の典型的な例は，環境汚染です。

たとえば，日本では 1960 年代から 70 年代初めにかけて，公害問題が深刻になりました。その一例として，製紙会社が海に排水を流し，海底に汚泥（これを，ヘドロといいます）が堆積したため，漁獲高が大きく減少し，漁民が大きな損失を被ったヘドロ公害があります（図 5.3）。

製紙会社の取引相手は紙を購入する企業や消費者です。しかし，この両者の取引においては，漁民が被る損害は考慮されていません。社会的な利益を最大にするためには，紙を取引する生産者と消費者の利益から漁民が被る損害を控除して考えなければなりません。

しかし，自由な市場では，漁民が被る損害は考慮されませんから，製紙会社はヘドロを海に流しながら紙を生産することになります。これは，市場が社会全体の利益を最大にするという最適な

欄外：
外部性
外部経済
外部不経済
環境汚染

---

1) 本書の公共財と準公共財の定義は，八田達夫氏の定義に基づいています。政府が公共財を無料で供給する理由の一つとして，排除の原則を適用すると，極めて大きな費用がかかるため，社会全体の利益が減少してしまうという「極めて大きな排除の費用」が挙げられることがあります。この点に関しては，巻末の参考文献 3 の（1）を参照して下さい。

図 5.3　外部不経済

静岡県・田子の浦港のヘドロ汚染に抗議する漁船などによる港内デモ（1970年8月）

毎日新聞社提供

資源配分に失敗することを意味します。この市場の失敗を是正するためには，政府は汚染者に環境税を課したり，環境を改善する企業に補助金を支給するといった手段によって汚染物質を削減しなければなりません。

表 5.1（96 頁）によると，2005 年度の環境保護のための政府支出は対 GDP 比の 1.7%，政府支出全体の 4.7%を占めています。

● 情報の不完全性にかかわる政府の役割

自発的交換が交換取引の当事者の利益になるためには，取引に偽りがあってはなりません。これを防ぐためには，取引を偽ったものに対して，ペナルティを課す必要があります。そのための制

度である警察と司法についてはすでに述べました。しかし，それ以外の方法によって政府がこの問題を解決ないし緩和することが望ましいケースがあります。

違反制裁以外の方策

　私たちが偽った取引から不利益を被るのは，交換相手に関する情報を知らないためです。このように，取引相手の情報を知らないという状況を，取引相手と同じように情報を持っていないという意味で，情報の非対称性といいます（図5.4）。

情報の非対称性

　情報の非対称性は情報が不完全なケースの代表的な例です。情報の非対称性により，取引相手のことがよく分からない場合には，消費者は悪質なものをつかまされて損失を被るリスクがあります。したがって，情報の非対称性が存在すると，市場は最適な資源配分に失敗する可能性があります。

　情報の非対称性の典型的な例として，医療サービスを取り上げましょう。患者は医者の治療が自分の病気にとって適正なものであるかどうかを判断することはほとんどできません。そこで，政府は不適切な医療行為から患者を守るために，医師の資格免許制度を導入します。この制度により医師の国家試験に合格しない限り，なん人も医療サービスを供給することはできません。

国家資格の導入

　情報の非対称性から取引当事者が不利益を被ることを防止する政策としては，資格制度以外に，登録制と認定制があります。

登録制

　登録制は，ある事業に携わるためには，政府に登録する必要があるという制度です。証券業を営むためには，政府に登録しなければなりません。この登録制の意義は，登録者が不正を働いた場合に，政府が登録者の所在を突き止めて，責任を追及しやすいという点にあります。登録制は情報の非対称性問題に対する比較的緩やかな規制です。

認定制

　もう一つの認定制とは，JIS規格（日本工業規格）のように，一定水準の品質に達しているかどうかを政府が認定する制度です。消費者はこのような認定を受けた製品であれば，安心して使用で

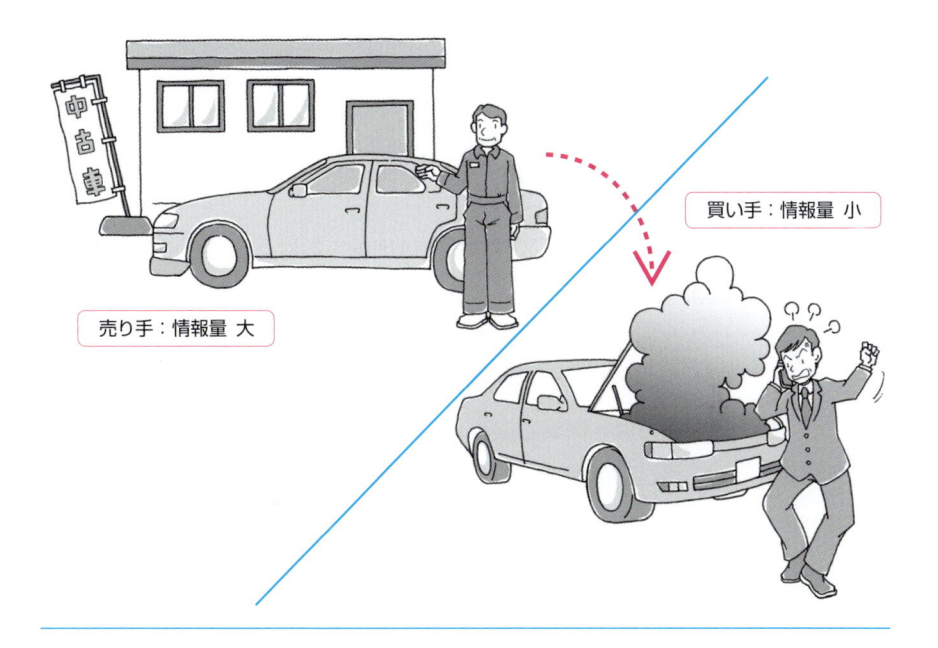

図5.4 情報の非対称性

売り手：情報量　大

買い手：情報量　小

　きます。
　認定制の場合には，認定を受けたモノのでなければ販売できない場合と，認定を受けていなくても販売できる場合とがあります。消費者は認定を受けていないモノは認定を受けたモノよりも質に関して信頼性が低いと考え，それを購入する場合には，認定を受けたモノよりも安くなければ買おうとしないでしょう。
　このように価格差がつけば，消費者の中には，非認定製品の購入によって不利益を被るリスクは，低価格によって相殺されると考える人もいるでしょう。そうした人は不利益を被るリスクを冒しても非認定製品を購入しようとします。
　それに対して，認定を受けたモノでなければ販売できないというより強い規制があります。たとえば，医薬品は政府によって認定されなければ，販売できません。それは，医薬品の服用による

副作用が取り返しのつかない健康被害をもたらす可能性があるからです。

5.3　所得再分配と政府

　　市場経済では，人々の所得は市場における取引を通じて決定されます。市場で決定される人々の所得は，人々の能力や努力や運に依存して変化し，人々の間に所得格差をもたらします。
　　政府は市場によって決定された所得格差を望ましくないと考える場合には，市場で決まった所得を税金などの手段を使って修正しようとします。この政策を所得再分配政策といいます。

所得再分配政策

●機会の平等

　　所得再分配政策の基準になる平等の概念には，機会の平等と結果の平等があります。初めに，機会の平等から考えましょう。
　　機会の平等といっても，すべての人が同じ機会を持つという平等はあり得ません。人は生まれながらにして，遺伝的に異なった能力を持っています。一流の音楽家やスポーツ選手とまったく同じように努力しても，すべての人が一流の音楽家や一流のスポーツ選手になれるわけではありません。
　　しかし，すべての人がまったく同じ機会を持つことはあり得ないとしても，人々に開かれている機会が，皮膚の色や性別や身分などによって決定されることがあってはならないでしょう。これが機会の平等の考え方です。

機会の平等とは

●機会の平等のための所得再分配政策

　　このような機会の平等の立場から最も重視されるのは，教育です。低所得者の子供が初等・中等教育を受けることは，費用負担

教育を受ける機会

の面から見て極めて困難です。この場合の費用は単に授業料という支出を伴う負担だけでなく，子供が教育を受けることなく働きに出たならば得られたであろう所得を失うという負担が含まれます。

教育を受けるときの負担が大きいため，貧しい家庭に生まれた子供は教育を受けることができません。教育を受けられなければ，低賃金の未熟練労働に就くしかなく，そうした低賃金の世帯に生まれた子供もまた教育を受けられずに貧しくなります。このようにして，貧しい家庭は世代が代わってもいつまでも貧しさから抜け出すことができません。

しかし，貧しい家庭に生まれた子供も，教育を無償で受ける機会があれば，その持って生まれた能力を開花させる機会が与えられて，より高い所得を稼ぎ出す可能性が高まります。

義務教育制度の意味　日本における無償の義務教育制度は，機会の平等の立場から創設された制度と考えることができます。

政府による無償の教育サービスの供給は，お金を直接家計に分配するという所得再分配政策ではなく，教育サービスという特定のサービスを無償で供給する政策です。

このように，お金ではなく，特定のサービスを無償で供給する政策も所得再分配政策の一つと考えられます。というのは，無償の教育サービスの供給は，政府が家計に教育を受けることを条件に，お金を分配する政策と考えることができるからです。

機会の平等を重視する立場からは，無償の義務教育以外に，奨学金制度，高校や大学に対する公的援助による入学金や授業料の引き下げ，相続税や贈与税の強化，職業選択や移動の自由を確保する政策などが，政府がとるべき所得再分配政策になります。

表 5.1（96 頁）によると，政府は 2005 年度に教育のために GDP の 4.2％を支出しています。

●結果の平等と社会保障制度

　機会の平等を重視する人は，人々の間の機会の平等を確保することが重要であると考えますが，政府は市場で決定される所得には干渉すべきではないと考えています。したがって，機会の平等は市場で決定される所得格差を縮小するとは限りません。

　無償の教育を受けても，先天的な素質が違えば，得られる所得には差が生ずるでしょう。相続税が強化されて，人生の出発点における資産保有額の差が縮小しても，どのような資産に運用したかによって，利子やキャピタル・ゲイン（株式や土地の売却益など）は異なります。また，ある人は事故にあって所得獲得能力を失うかもしれません。したがって，機会の平等が確保されても，所得格差はこのような要因によって拡大する可能性があります。

　そこで，政府は市場で決定された所得格差を公平の立場から縮小すべきだという考えが出てきます。この考え方を結果の平等を重視する考え方といいます。

<ruby>結果の平等</ruby>

　ここでは，日本で採用されている代表的な，結果の平等の立場からの所得再分配政策を説明しておきましょう。

① **生活保護制度**　これは憲法第25条の理念に基づき，自力では最低生活を維持できない困窮者に，最低生活が維持できる所得を保障し，その自立を助長しようとする制度です。

② **社会福祉**　社会生活を送る上でハンディキャップなどを持っている弱者を援助する制度で，老人福祉，障害者福祉，母子福祉などがあります。

③ **社会保険制度**　不慮の事故や病気や高齢などによって働けなくなり，所得が著しく低下することがあります。社会保険制度とは，政府がこうして要因による人々の所得の低下に備えて，人々に保険の加入を義務づける制度で，医療保険，年金保険，介護保険，雇用保険（失業したときの所得保障）などがあります。

図 5.5　社会保障の給付の推移

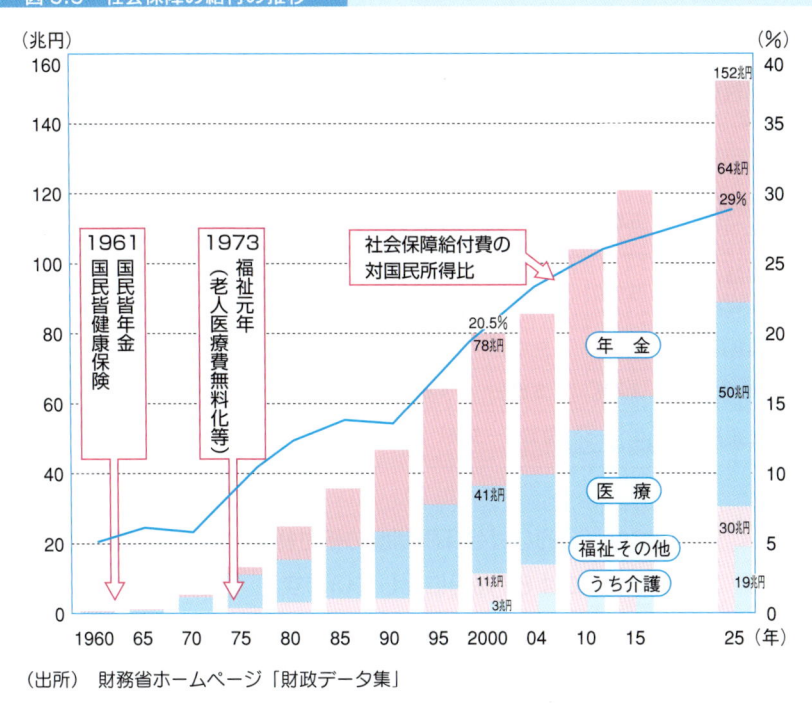

（兆円）　　　　　　　　　　　　　　　　　　　　　　　　　　（％）

1961　国民皆年金　国民皆健康保険
1973　福祉元年（老人医療費無料化等）
社会保障給付費の対国民所得比

152兆円
64兆円
29％
20.5％　78兆円
50兆円
41兆円
30兆円
11兆円　3兆円
19兆円

年金
医療
福祉その他
うち介護

1960　65　70　75　80　85　90　95　2000　04　10　15　25（年）

（出所）　財務省ホームページ「財政データ集」

④　社会保障関係費　　政府は保険料収入ではカバーしきれない医療費や公的年金を税金などの政府収入で補塡しています。この補塡のための費用を社会保障関係費といいます。

● 社会保障給付の推移

図 5.5 は①から④の社会保障制度による給付の推移を示したものです。

1973 年は福祉元年と呼ばれ，日本はこの年から本格的に福祉国家を目指して，年金給付額と医療費の国庫負担を毎年のように大幅に増やし始めました。さらに，1990 年代以降は，急速な人口の高齢化を反映して，税金と保険料収入でまかなわれる社会保

表 5.2 社会保障給付費の負担の推移

	1970	80	90	2000	04	15	25
社会保障給付費(A)	4兆円	25兆円	47兆円	78兆円	86兆円	121兆円	152兆円
国民所得(B)	61兆円	200兆円	351兆円	380兆円	366兆円	448兆円	525兆円
国民所得比(A：B)	5.8%	12.4%	13.5%	20.5%	23.5%	27%	29%
社会保障にかかる負担	8.0%	14.9%	15.9%	21.1%	21.5%	26.5%	29.5%
保険料負担	5.3%	9.3%	11.3%	14.4%	14%	17%	18%
公費負担	2.7%	5.5%	4.6%	6.6%	7%	9.5%	11.5%

（出所）財務省ホームページ「財政データ集」

障給付（公的な社会保障制度の給付総額）は大きく増加し続け，2004年には86兆円に達しています。

1970年には社会保障給付の国民所得に占める割合（国民所得比。国民所得とは何かは，第6章127ページを参照）は5.8％に過ぎませんでしたが，2004年には23.5％に達しています（表5.2）。

財務省は2025年には，社会保障給付は152兆円に達し，その国民所得比は29％と，2004年よりも5.5ポイントも上昇すると予想しています（表5.2）。

● 結果の平等と税制

政府は公共財を供給したり，保険料収入ではカバーできない医療費支出などを補填したりするために，税金を徴収します。その際，結果の平等の立場から，市場で決まった所得格差を修正しようとして，所得の多い人ほど個人所得税の税率を高める累進所得税が採用されています。また，土地と建物の所有者には固定資産税が課せられています。

これらの税制は，高所得者や資産家に重い税金を課す一方，低所得者や資産をあまり持っていない人には軽い税金を課すか，税金を免除するかのいずれかによって，市場の取引で決まった所得分配を，結果の平等の立場から修正しようとするものです。

　それに対して，法人企業などに課せられる法人所得税は最終的に誰が負担するかが不明確な税のため，その所得再分配効果ははっきりしません[1]。

　また，消費課税（酒税や自動車保有税などの物品税と消費税）は所得の低い人ほど相対的に負担が重くなるという意味で，逆進的な税です。それは，消費の所得に占める割合（これを平均消費性向といいます）が，所得の増加につれて低下する傾向があるからです。

　たとえば，年間の所得が500万円のAさんと1,000万円のBさんの年間の消費を，それぞれ350万円と600万円としましょう。Aさんの平均消費性向は70％ですが，Bさんは60％です。消費税率を5％とすると，二人の年間の消費税額はAさんが17.5万円で，Bさんは30万円です。消費税の所得に占める割合は，Aさんの3.5％に対して，Bさんは3％です。

　したがって，消費税の負担の大きさを所得に占める消費税の割合で測ると，所得の低いAさんの消費税負担の方が所得の高いBさんよりも重くなります。これが消費税は逆進的であるという意味です[2]。

---

1) 法人税を支払うのは株式会社などの法人ですが，法人税が課されると，法人企業は製品価格を引き上げたり，賃金を引き下げるなどして，法人税支払い後の利益の減少を食いとめようとする可能性があります。この場合には，法人税の一部は消費者や労働者に転嫁されて，彼らが負担することになります。しかし，実際に法人税がどのように転嫁されるかについては不確定な要素が多いため，法人税の所得再分配効果ははっきりしません。

2) 正確には，税負担の重さはある特定の年の所得に対する税の大きさではなく，生涯の所得に対する税の大きさで測るべきです。この意味で，本文の「消費税は逆進的である」という表現は不正確です。この点については，岩田規久男・飯田泰之『ゼミナール 経済政策入門』（日本経済新聞社）の第11章を参照してください。

図 5.6　日本の租税負担率の推移（対国民所得比）

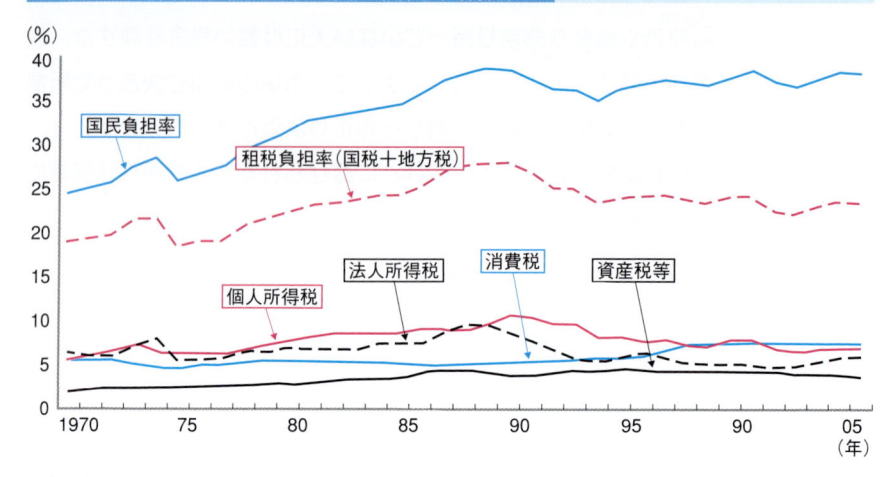

(注)　国民負担率＝租税負担率＋社会保障負担率，租税負担率と社会保障負担率はそれぞれ租税と社会保障の対国民所得比。
(出所)　財務省ホームページ「財政データ集」

　図 5.6 によると，1990 年代以降，結果の平等を促進する個人所得税の対国民所得比が低下傾向にあるのに対して，逆進的な消費税のそれが緩やかに上昇しています。

　一方，資産課税等（固定資産税など）の対国民所得は 1990 年代前半にやや上昇しましたが，90 年代後半以降は，ほとんど変化がありません。

　以上から，1990 年代以降，日本の税制が結果の平等を推進する程度は低下しているといえます。

　これは 1989 年以降，所得税の累進度が軽減され，所得税の課税対象から控除される基礎控除などが引き上げられる一方で，1989 年 4 月に 3％の消費税が導入され，1997 年 4 月にはその税率が 5％に引き上げられたからです。

◆ 練習問題

次のカッコ内を適切なことばで埋めて、経済学的に意味のある文章にしなさい。

(1) 鉄道のように平均費用が供給量の増加と共に低下することを（ア）が大きいといい、そのような産業を（イ）産業という。自由な競争市場では（イ）産業は（ウ）になる可能性がある。

(2) ある財が消費者が増えても（エ）をかけることなく、供給できるとき、そのような財は消費の（オ）という性質を持つという。そのような性質を持つ財は、無料で供給することが消費者全体の利益になり、（カ）財と呼ばれる。

(3) 自由な市場では、環境が汚染されることによって人々が被る損害は考慮されない。この損害を（キ）不経済という。（ク）税は（キ）不経済による（ケ）の失敗を是正するための手段の一つである。

(4) 所得再分配政策の基準になる平等の概念には、（コ）の平等と（サ）の平等がある。政府による義務教育の無償供給は（コ）の平等を目指している。

第6章

国内総生産の決定

- 6.1 マクロ経済学の諸概念
- 6.2 国内総生産と国内総支出の決定

　これまでは，個々の財・サービスの生産量や価格の決定に注目して，市場において資源配分と所得分配が決定される仕組みを説明してきました。

　この章から第8章までは，一国全体の生産，消費，雇用などの集計的な経済変数に注目して，市場経済の仕組みを説明します。こうした集計的な経済変数の決定の仕組みを明らかにしようとする経済学を「マクロ経済学」といいます。

　マクロ経済学では，国内総生産や物価はどのように決まるか，なぜ，失業が発生するか，失業を減らすためにはどのような政策がとられるべきかといった問題を扱います。

6.1 マクロ経済学の諸概念

市場経済のマクロ経済的側面を理解するためには，国内総生産などのマクロ経済変数の定義を理解しておく必要があります。

マクロ経済変数の定義に関して国際的に用いられている会計・統計制度を国民経済計算（SNA：System of National Accounts）といいます。

ここでは，国民経済計算で定義されているマクロ経済変数のうち，入門段階で最小限必要な諸変数の定義を説明しておきましょう。

●国内総生産とは

<small>GDP：国内総生産</small>

マクロ経済学の中心的な経済変数である国内総生産とは，以下の(6.1)の定義式のように，一定期間内に，国内で生産された付加価値の合計をいいます。国内総生産は Gross Domestic Product の頭文字をとって，GDP ともいいます。

$$国内総生産（GDP）\equiv 国内で生産された付加価値合計 \tag{6.1}$$

ここで，「≡」とは，常に成立するということを示す記号です。

次に，付加価値とは一定期間内における各々の生産者の生産高から各々の生産者が生産に当たって用いた中間投入を差し引いたものをいいます。すなわち，

$$付加価値 = 生産高 - 中間投入 \tag{6.2}$$

<small>中間投入＝生産に使用された部分</small>

となります。ここに，中間投入とは，各々の生産者が生産のために使用した原材料や燃料などの非耐久財とサービスをいいます。

図6.1は，自動車産業を例にとって中間投入と付加価値とを

図 6.1　自動車産業の中間投入と付加価値

生産高 100 万円

自動車産業が新たに付け加えた価値

中間投入 45 万円				付加価値 55 万円		
鉄 15 万円	ガラス 10 万円	プラスチック 14 万円	光熱費 6 万円	賃金 35 万円	営業余剰 15 万円	固定資本減耗 5 万円

生産のために使用した原材料やエネルギー

GDP へ

（注）　営業余剰とは，企業利益のほか地代・家賃や利子などのことを意味する。
　　　固定資本減耗とは，生産のため機械などを使用していく過程で摩耗などにより生産能力が落ちることを考慮し，やがて必要になる更新を見込んで金銭換算したもの。これらについては，126 頁参照。

示したものです。自動車産業は鉄 15 万円，ガラス 10 万円，プラスチック 14 万円，光熱費 6 万円を生産に投入して，市場価格が 100 万円の自動車を生産するとします。これらの鉄やガラスやプラスチックや光熱費などが，この自動車会社の中間投入で，合計 45 万円になります。

　したがって，自動車産業の付加価値は，自動車の生産高 100 万円から自動車の生産のために投入した中間投入 45 万円を差し引いた 55 万円になります。このように，付加価値とは各生産者が新たに付け加えた価値のことです。

付加価値＝生産で新たに付け加わった価値

6　国内総生産の決定

●支出面から見たマクロ経済変数

支出面から見た諸変数

国内総生産は生産面から見たマクロ経済変数ですが，次に，支出面から見たマクロ経済変数を説明しましょう。

生産されたものは誰かによって購入され，支出の対象になります。そこで，経済主体を支出部門別に，消費者，民間企業，政府及び外国の4つの部門に分けて考えましょう。

民間消費

一定の期間内における消費者の支出を一国全体で合計したものを民間消費といいます。ただし，消費者が購入する住宅は民間住宅投資に分類されます。

民間企業投資

それに対して，民間企業（以下，単に，企業といいます）が機械や事務所などの耐久性のある生産物，すなわち，実物資本（あるいは，物的資本）を購入することを，民間企業投資といいます。たとえば，同じ自動車でも消費者が購入する場合は，民間消費に分類されますが，企業が購入する場合は民間企業投資に分類されます。

消費財
資本

民間消費に分類された自動車は消費財ですが，企業が購入した自動車は企業が財・サービスを生産する際に資本として利用されます。たとえば，宅配企業はトラックを使って，モノを家計や企業に配達するというサービスを生産しています。その際に使用されるトラックは生産要素としての資本です。そこで，企業にとって資本であるトラックの購入は民間企業投資に分類するのです。

民間投資

個人の住宅投資と民間企業投資を合計したものは，民間投資に分類されます。

政府支出

次に，購入者が政府である場合は，政府支出になります。たとえば，政府が民間の家電メーカーからパソコンを購入すれば，その支出は政府支出に計上されます。

外国の購入＝輸出
外国の生産物の購入＝輸入

それに対して，外国が日本の国内総生産物を購入する場合は，日本の輸出に分類されます。一方，日本による外国で生産された財・サービスの購入は輸入になります。

● 国内総支出

　日本の国内総生産物に対する支出を国内総支出といいます。それに対して，前項で定義した，ある一定期間内の民間消費，民間投資，政府支出及び輸出の中には，日本の国内総生産物に対する支出だけではなく，外国で生産されて，日本に輸入されたものに対する支出も含まれています。したがって，日本の国内総生産物に対する支出である国内総支出を求めるためには，民間消費などの支出に含まれている外国で生産されたものに対する支出，すなわち，日本の輸入を差し引かなければなりません。

　たとえば，日本の消費者が購入した自動車の中には，ベンツのように，外国で生産された自動車も含まれます。したがって，日本の消費者が購入した自動車から日本が輸入した自動車を差し引いたものが，日本国内で生産された自動車に対する消費支出になります。

　一般的にいえば，民間消費から輸入された消費財を差し引いたものが，日本国内で生産された消費財に対する支出です。同様に，民間企業投資から輸入された資本財（たとえば，アメリカから購入した機械）を差し引くと，日本国内で生産された実物資本に対する支出になります。

　政府も外国で生産されたものを購入する場合があります。したがって，政府支出から輸入された財・サービスを差し引いたものが，日本国内で生産されたものに対する支出になります。

　日本が外国に輸出したものの中に，外国から輸入したものが含まれている場合には，輸出のうち外国から輸入したものを除いたものが，日本国内で生産されたものに対する外国部門の支出になります。

　たとえば，企業が中国から自動車を輸入し，その自動車をアメリカに輸出する場合には，その自動車は日本で生産された自動車ではありません。したがって，日本で生産された自動車に対する

<small>国内総支出</small>

<small>輸入した財は差し引く</small>

6　国内総生産の決定

支出を求めるときには，日本の輸出からこの中国から輸入した自動車を除かなければなりません。

以上から，民間消費，民間投資，政府支出，及び輸出の合計から輸入を差し引いたものが，国内で生産されたものに対する支出，すなわち，国内総支出になります。

<small>国内で生産されたものへの支出＝国内総支出</small>

以上の関係を式で表すと，次のようになります。

> 国内総支出＝民間消費＋民間住宅投資＋民間企業投資＋政府支出＋輸出−輸入
> (6.3)

住宅投資と民間企業投資の合計を民間投資としてまとめると，

> 国内総支出＝民間消費＋民間投資＋政府支出＋輸出−輸入　　(6.4)

となります。

●国内総支出の数値例

図 6.2 は話を分かりやすくするために，財・サービスが自動車しか存在しない仮想的な経済における支出の構成と輸入とを示したものです。

自動車に対する民間消費，民間企業投資，政府支出及び輸出はそれぞれ，10 万円，40 万円，4 万円，6 万円で，合計 60 万円です。民間消費 10 万円のうち，輸入車に対する支出は 2 万円です。同様に，民間企業投資と政府支出の対象になった自動車の中には，それぞれ，2 万円と 1 万円の輸入車が含まれています。したがって，輸入車の合計は 5 万円になります。

自動車の民間消費，民間企業投資，政府支出及び輸出の合計 60 万円から輸入車の合計 5 万円を差し引いた 55 万円が，この経済の国内総支出になります。

国内総支出は国内で生産された国内総生産に対する支出の合計ですから，「事後的には」，国内総支出は国内総生産に等しくなり

図6.2　自動車だけから構成される国内総支出

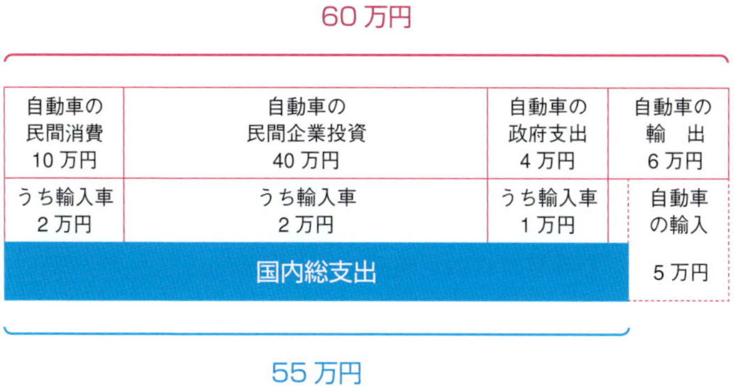

```
                          60万円
┌─────────────────────────────────────────────┐
│ 自動車の     │ 自動車の        │ 自動車の  │ 自動車の │
│ 民間消費    │ 民間企業投資     │ 政府支出  │ 輸　出  │
│ 10万円     │ 40万円          │ 4万円    │ 6万円   │
├─────────────┼─────────────────┼──────────┼─────────┤
│ うち輸入車  │ うち輸入車       │ うち輸入車│ 自動車  │
│ 2万円      │ 2万円           │ 1万円    │ の輸入  │
├─────────────┴─────────────────┴──────────┤         │
│                国内総支出                  │ 5万円   │
└────────────────────────────────────────────┘
                         55万円
```

ます。すなわち，事後的には次式が成立します。

国内総生産＝国内総支出　　　　　　　　　　　　　　　(6.5)

事後的　　　ここに，事後的とは結果的にという意味です。

図6.1と図6.2に即していえば，生産される財・サービスが自動車しか存在しない経済のケースで，自動車産業の付加価値に等しい国内総生産と自動車に対する国内総支出はともに55万円で，一致しています。

●事後的に国内総生産と国内総支出が一致する理由

事後的に，国内総生産と国内総支出とが必ず一致するのは，国民経済計算では，企業が生産した財を売らずに保有することをその企業の在庫投資として，国内総支出に含めて計上するためです。

在庫投資

図6.2の例でいえば，自動車に対する民間企業投資は，①自動車を輸送手段として利用するための民間設備投資と②自動車産業が自ら生産した自動車を売らずに保有する民間在庫投資から構成されます。このとき，国民経済計算では，事後的に実現した民間在庫投資とは，企業が生産した財のうち，消費者（民間消費）

6　国内総生産の決定

にも，他の企業（民間企業設備投資）にも，政府（政府支出）にも，外国（輸出）にも売らずに，生産した企業自身が保有量を増やした財と定義されます。すなわち，

> 事後的民間在庫投資≡国内総生産
> 　　　　　－（民間消費＋民間設備投資＋政府支出＋輸出－輸入）　(6.6)

となります。この定義式から，事後的には次の恒等式が得られます。

> 国内総生産≡民間消費＋民間設備投資＋民間在庫投資＋政府支出＋輸出－輸入
> 　　　　　　　　　　　　　　　　　　　　　　　　　　　　　　　(6.7)

(6.7)の右辺は定義によって，事後的に実現した国内総支出ですから，事後的には，必ず，(6.5)が成立します。

●日本と主要国の名目国内総生産（名目 GDP）

　表 6.1 は 2005 年度の日本の名目国内総生産＝名目国内総支出とその構成を示したものです。ここに，名目とは物価の変化を考慮せずに，貨幣で測った値という意味です。

　2005 年度の名目国内総支出（これは名目国内総生産に等しくなります）は 503.3 兆円，その 57.1％は民間消費，次いで大きいのが政府支出の 22.8％です。民間企業設備投資と輸出の割合はともに 14.9％です。

　一方，表 6.2 は 2002 年と 2005 年の主要国の名目国内総生産をドルで表示して比較したものです。2005 年では，日本の名目国内総生産はアメリカの 36.7％で，世界の 10.3％を占めています。中国の名目国内総生産は 2002 年は日本の 37％でしたが，3 年後の 2005 年には 49％と大幅に増大しており，中国の経済成長がいかに高いかが分かります。

表6.1 名目国内総支出と構成比（2005年度）

（単位：兆円）

	国内総支出	民間消費	民間住宅投資	民間企業設備	民間在庫投資	政府支出	輸出	輸入
	503.3	287.5	18.4	75.0	1.0	114.9	74.9	68.4
構成比（％）		57.1	3.7	14.9	0.2	22.8	14.9	13.6

（出所）内閣府『国民経済計算年報』2006年

表6.2 主要国の名目国内総生産

（10億ドル）

	2002年暦年	2005年暦年
日　本	3928.7	4554.5
アメリカ	10417.6	12397.9
EU15か国	8809.4	12790.4
韓　国	546.9	787.6
中　国	1453.8	2234.3
世界のGDPに占める日本の割合（％）	12.0	10.3

（注）1. EU15か国とは，ベルギー・ドイツ・ギリシャ・スペイン・フランス・アイルランド・イタリア・ルクセンブルク・オランダ・オーストリア・ポルトガル・フィンランド・デンマーク・スウェーデン・イギリス。
　　　2. 中国は香港及びマカオを含まない。
（出所）内閣府『平成17年度国民経済計算確報及び平成8～15年度遡及改訂結果』2007年12月

●国内総所得

総生産

　　国内で一定期間内に生産された付加価値のうち，固定資本の減耗分を控除した分は，国内の経済主体（個人や法人など）の誰かに，賃金，配当，利子，地代・家賃，内部留保（法人企業の利益のうち株主に配当されなかったもの）などとして分配され，各経済主体の所得になります。

固定資本減耗　　固定資本減耗とは企業会計の減価償却費に相当し，企業が設備の減耗に備えて外部に分配せずに積み立てる金額をいいます。上に述べた国内の経済主体に分配された所得を国内純所得といい，この国内純所得に固定資本減耗を加えた所得を国内総所得といいます。

国内純所得

国内総所得＝分配面から見た国内総生産　　国内総所得は国内の付加価値を各経済主体に分配した所得と固定資本減耗の合計ですから，国内総生産を分配面から見たものです。したがって，国内総所得は国内総生産に等しくなります。すなわち，

$$国内総所得＝国内総生産 \tag{6.8}$$

が成立します。

　　図 6.1（119 頁）では，付加価値から固定資本減耗を控除した金額が賃金と営業余剰として分配されています。営業余剰は最終的には，配当，利子，地代・家賃，内部留保などとして，法人企業や家計に分配されます。

賃金
営業余剰

　　(6.5) と (6.8) から，事後的に，

$$国内総生産＝国内総支出＝国内総所得 \tag{6.9}$$

が成立します。

　　(6.9) は事後的に見ると，生産面の GDP と支出面の GDP 及び分配面の GDP が等しいことを表しています。そこでこの関係を「GDP の三面等価定理」といいます。

GDP の三面等価定理

● **国内概念と国民概念**

　　国民経済計算の概念には国内概念と国民概念とがあります。
　　「国内」とは，「ある国の政治的領土からその国に所在する外国政府の公館と外国軍隊を除き，領土外に所在する当該国の公館と軍隊を加えたもの」です。

国内概念

これまで定義してきた国内総生産，国内総支出及び国内総所得は「国内概念」のマクロ経済変数です。

国民概念　一方，「国民」とは，「ある国の居住者のことであり，居住者とは，国内に所在する企業，一般政府及び対家計民間非営利団体，一定の条件下にある家計部門」をいいます。一定の条件下にある家計部門には外国滞在が一年以内の当該国民は含まれますが，当該国在住の外国人は含まれません。

要素所得の扱いの違い　国内概念と国民概念のマクロ経済変数の違いは，「海外からの受け取り要素所得」と「海外への支払い要素所得」の扱いの違いによります。「海外からの受け取り要素所得」とは，日本の居住者が外国で獲得した所得のことです。それに対して，「海外への支払い要素所得」とは，外国人が日本で獲得した所得のことです。

ここで，「海外からの純要素所得」を次のように定義しましょう。

$$\text{海外からの純要素所得} = \text{海外からの受け取り要素所得} - \text{海外への支払い要素所得} \tag{6.10}$$

さて，国民概念のマクロ経済変数には，国民総生産（GNP），国民総所得（GNI），及び，国民所得（NI）などがあります。これら国民概念のマクロ経済変数と国内概念のマクロ経済変数との関係は図 6.3 のようになります。なお，この図では，間接税と補助金の存在は無視しています。

日本の居住者の「海外からの受け取り要素所得」は，国民総生産や国民総所得などの国民概念のマクロ経済変数には含まれます。

しかし，それは外国で獲得した所得ですから，国内概念の国内総生産や国内総所得には含まれません。一方，「海外への支払い要素所得」は外国人の所得ですから，国民総生産や国民総所得などの国民概念のマクロ経済変数には含まれませんが，国内で獲得された所得ですから，国内総生産や国内総所得には含まれます。

以上から，次の関係が得られます。

図6.3 国民経済計算の諸概念

```
┌─────────┬─────────┬─────────┐
│         │ 海外からの│ 資本減耗 │
│         │ 純要素所得│         │
│ 国民総生産├─────────┼─────────┤
│ （GNP）  │         │         │
│   ‖     │ 国内総生産│ 国民純生産│
│ 国民総所得│ （GDP）  │ （NNP）  │
│ （GNI）  │   ‖     │   ‖     │
│         │ 国内総所得│ 国民所得 │
│         │ （GDI）  │ （NI）   │
└─────────┴─────────┴─────────┘
```

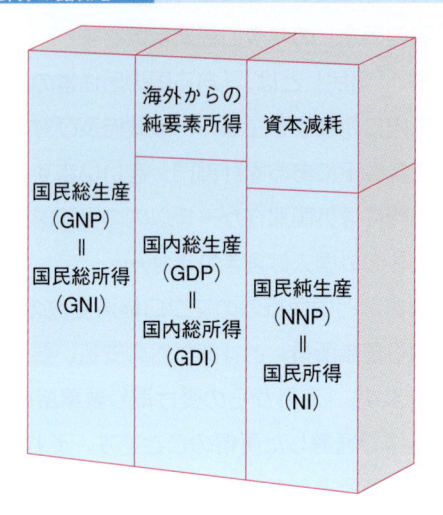

（注） 間接税と補助金が存在する場合は，NI＝NNP－（間接税－補助金）になる。

国民総生産＝国民総所得＝国内総生産＋（海外からの受け取り要素所得
　　　　　　　　　　　　　　　　－海外からの支払い要素所得）
　　　　　＝国内総生産＋海外からの純要素所得　　　　　（6.11）

表6.3 は 1994 年度と 2005 年度の名目の国内総生産，海外からの純要素所得，及び国民総所得を示したものです。2005 年度の日本の居住者の海外からの純要素所得は 1994 年度よりも 9.5 兆円増加しました。これはこの期間に，日本の居住者が受け取った海外の国債や株式などからの投資収益が 2.5 兆円だけ増大したのに対して，海外の投資家に支払った投資収益がほぼ半減したからです。

　国民総所得から固定資本減耗を控除したマクロ経済変数を「国民所得（NI）」といいます。国民所得は雇用者報酬，非企業部門

新世社・出版案内　Apr. 2023

ライブラリ データ分析への招待　<編集>大屋幸輔

Rによるマーケティング・データ分析
基礎から応用まで

ウィラワン ドニ ダハナ・勝又壮太郎 共著　A5判／328頁　本体2,500円

今日，ICTの著しい発展により市場と顧客に関するデータを大量に収集し保管することが可能になった。本書では，データ分析の手法を基礎から応用まで解説する。分析はR言語を用い，データをダウンロードすることで読者は手を動かしながら理解を深めることができる。

　<目次>
　マーケティングにおけるデータ分析の必要性／マーケティング・データの特徴と分析／データ処理の基礎／売上げデータの分析／選択問題の分析／複数の選択肢がある問題の分析／異質な消費者の選択行動の分析／店舗利用行動と購買金額に関する分析／カウントデータの分析／販売期間に関する分析／新製品開発の調査と分析／消費者態度の測定と分析／複雑な関係の分析／異質なマーケティング効果の分析／複数の消費者反応の同時分析／自然言語データの分析

ベイズ分析の理論と応用
R言語による経済データの分析

各務和彦 著　　　　　　　　　　　A5判／240頁　本体2,100円

データサイエンスを学ぶ上で必須となるベイズ統計学について，理論からデータ分析の実践まで解説したテキスト。分析のために用いるR言語の使い方や，確率分布についても付録で丁寧に紹介する。

実証会計・ファイナンス
Rによる財務・株式データの分析

笠原晃恭・村宮克彦 共著　　　　　　A5判／408頁　本体2,800円

R言語を用いた会計・ファイナンス分野のデータ分析について，基礎から応用までを解説したテキスト。会計・ファイナンス分野の基礎知識とR言語のスキル両面について説明し，データセットをダウンロードすることで，読者が手を動かしながら理解を深められる構成とした。

経済学新刊

ライブラリ 経済学15講 3
マクロ経済学15講
河原伸哉・慶田昌之 共著　　　　　A5判／232頁　本体2,150円

マクロ経済学の基礎理論をコンパクトにまとめた入門テキスト。ケインズ派マクロ経済学と新古典派マクロ経済学を対比して、その違いがわかりやすいよう構成。初学者には直感的に理解しにくい内容・概念も記述・構成に工夫をして見通しよく解説した。読みやすい2色刷。

ライブラリ 経済学への招待 2
ミクロ経済学への招待
島田　剛 著　　　　　　　　　　　A5判／264頁　本体2,450円

ミクロ経済学のもっとも易しいレベルに設定しつつ，中級，あるいは経済学の他の関連分野にも興味が湧くように作られた入門テキスト。経済学を初めて学ぶ人や，データ分析に興味がある人などを想定して，それぞれに役立つ知識を直感的に理解できるよう解説を心がけた。2色刷。

初めて学ぶミクロ経済学
柴田　舞 著　　　　　　　　　　　A5判／224頁　本体2,100円

経済学のみならず社会科学全般に重要となるミクロ経済学の要所を網羅したテキスト。大学で初めて経済学に出会う学生を前提に基礎をじっくりと解説する。問題を解くことで理解を深めることを重視して各項の解説の後に確認問題を挿入し，章末にはまとめの問題を設けた。2色刷。

ライブラリ 経済学15講 2
ミクロ経済学15講
小野﨑保・山口和男 共著　　　　　A5判／336頁　本体2,750円

15講を通じてミクロ経済学の根幹となる考え方がマスターできるよう項目を厳選して構成した入門テキスト。図表をまじえた解説をベースに，順次数式を用いた説明を含め，適切な練習問題を設けて読者を着実な理解へと導き，発展的な学修の礎を築けるよう配慮した。2色刷。

ライブラリ 現代経済学へのいざない 3
金融論　Theory&Practice
鎌田康一郎 著　　　　　　　　　　A5判／344頁　本体2,900円

日本銀行において調査・研究・実務に携わってきた著者が，金融論の基礎理論と，実践的視点からの金融の諸問題についての分析を説き明かした新しいスタイルのテキスト。金融論に興味を持つ入門者から中級レベルまで，幅広い読者に有用な知見を提供する。読みやすい2色刷。

表 6.3 名目国内総生産，海外からの純要素所得及び国民総所得

(単位：兆円)

年 度	国内総生産	海外からの所得			国民総所得
		純受取	受取	支払	
1994	487	3.7	16.7	13	490.7
2005	503.3	13.2	19.2	6	516.5

(注) 国民総所得＝国内総生産＋海外からの純要素所得
(出所) 内閣府『国民経済計算年報』2006 年

表 6.4 国民所得とその構成及び労働分配率の推移

(年度)

		2001	2002	2003	2004	2005
国民所得	(兆円)	361.3	355.8	358.1	362.9	367.6
	(増加率，％)	－2.8	－1.5	0.7	1.3	1.3
雇用者報酬	(兆円)	268.0	261.2	256.3	256.3	259.6
	(増加率，％)	－1.2	－2.5	－1.9	0.0	1.3
財産所得（非企業部門）	(兆円)	11.0	9.2	8.1	10.8	14.0
	(増加率，％)	－33.7	－17.0	－11.1	33.1	29.5
企業所得	(兆円)	82.3	85.4	93.6	95.8	94.0
	(増加率，％)	－1.9	3.8	9.6	2.3	－1.9
労働分配率（雇用者報酬÷国民所得）(％)		74.2	73.4	71.6	70.6	70.6

(注) 個人企業主等への労働報酬的要素を含む混合所得は企業所得に分類され，雇用者報酬には含まれない。
(出所) 内閣府『国民経済計算年報』2006 年

の財産所得及び企業所得として，日本の居住者のうちのいずれかの主体に分配されます。

　表 6.4 は 2001 年度から 2005 年度までの名目の国民所得とその構成及び労働分配率の推移を示したものです。この 5 年間

の企業所得の伸びに対する雇用者報酬の伸びの低さを反映して，労働分配率は低下しています。

6.2 国内総生産と国内総支出の決定

それでは，国内総生産と国内総支出はどのようにして決定されるのでしょうか。この決定に関しては，いくつかの考え方がありますが，この章では，物価が一定のケースだけを取り上げることにします。物価が変化する場合の国内総生産の決定については，次章で説明します。

●総供給と総需要

国内総生産はある一定期間内に国内で生産された付加価値の合計ですから，財・サービスの供給に相当する経済変数です。そこで，国内総生産は経済全体の供給という意味で，総供給と呼ばれます。

<small>経済全体の供給＝総供給</small>

ここに総供給とは，「経済主体が市場で取引を始める前に計画した国内総生産」のことです。したがって，総供給は必ずしも市場取引の結果，事後的に実現する国内総生産に一致するとは限りません。

<small>総供給は市場取引前に計画した数値</small>

以下では，総供給を Y で表します。すなわち，

$$国内総生産＝総供給＝Y \tag{6.12}$$

となります。

一方，国内総支出は国内総生産に対する支出ですから，国内総生産に対する需要に相当する経済変数です。そこで，国内総支出は経済全体の需要という意味で，総需要と呼ばれます。すなわち，

<small>経済全体の需要＝総需要</small>

国内総支出≡総需要　　　　　　　　　　　　　　　　　　　(6.13)

となります。

　ここに総需要とは，「経済主体が市場で取引を始める前に計画した国内総支出」のことです。したがって，総需要は必ずしも市場取引の結果，事後的に実現する国内総支出に一致するとは限らないことに注意しましょう。

　総需要は次のような総需要を構成する需要項目の合計になります。

総需要＝民間消費＋民間投資＋政府支出＋輸出－輸入　　　　(6.14)

　(6.14)の右辺の民間消費など各需要項目は計画されたものであって，必ずしも事後的に実現するとは限りません。

　以下では，民間消費を C（Consumption），民間投資を I（Investment），政府支出を G（Government expenditure），輸出を EX（Export），輸入を IM（Import）で，それぞれ表すことにします。したがって，

総需要＝ $C + I + G + EX - IM$　　　　　　　　　　　　　(6.15)

となります。

●総供給と総需要の均衡メカニズム

<small>総供給＝総需要となるよう決定される</small>

　国内総生産は個々の財・サービスの需給量の決定と同じように，総供給と総需要とが等しくなるように決定されます。総供給と総需要が等しくなるのは，(6.12)と(6.15)とから，

$$Y = C + I + G + EX - IM \quad (6.16)$$

<small>国内総生産の均衡式</small>

が成立するときです。(6.16)を国内総生産の均衡式あるいは国内総生産の決定式といいます。

物価とは　　ここでは，総供給には十分な余裕があるため，総供給 Y は物価を一定として，総需要に応じて調整されると仮定しましょう。物価とは何かの正確な定義は本書より上級の教科書（参考文献 3 の（3））に譲り，ここでは，物価とは国内総生産を構成する財・サービスの価格の平均であると考えておきましょう。

　総需要が増大して，それに応ずる総供給に余裕がなくなると，物価は上昇します。このように物価が変化する場合の国内総生産の決定については，第 7 章 7.1 節で説明します。

　さて，総供給は物価を一定として，総需要に応じて調整されるという仮定の下では，国内総生産がどのように決まるかは，総需要の大きさに依存します。たとえば，

$$Y < C + I + G + EX - IM \tag{6.17}$$

超過需要　　であれば，総需要は総供給を上回っています。この場合には，国内総生産物市場は超過需要の状態にあります。総供給は総需要に応じて調整されると仮定しましたから，超過需要が存在すると，総供給は総需要に一致するまで増加します。

　一方，

$$Y > C + I + G + EX - IM \tag{6.18}$$

超過供給　　であれば，国内総生産物市場は超過供給になります。上に述べた総供給に関する仮定の下では，超過供給が存在する場合には，総供給は総需要に一致するまで減少します。

需要決定型モデル　　このような，国内総生産は総供給が総需要に一致するように増減することによって決定されるという考え方を，需要決定型モデルといいます。このモデルは J.M. ケインズ（1883–1946）が

有効需要の原理　創設したもので，有効需要の原理ともいいます。

●単純な総需要の決定モデル

需要決定型モデルでは，総需要が決まれば，総供給はその総需要に一致するように決まります。したがって，総需要がどのように決まるかが分かれば，国内総生産がどのように決まるかも分かります。

総需要は民間消費，民間投資，政府支出，輸出の合計から輸入を差し引いたものです。そこでここでは，総需要の大きさを決める民間消費以外の経済変数はすべて一定であるという単純なケースを考えましょう。

民間消費以外は一定とする

可処分所得

この単純なケースでは，民間消費は国内の可処分所得（可処分所得とは消費者や企業が自由に処分できる所得のことです）が大きく（小さく）なれば増加（減少）すると仮定します。数学用語を使えば，民間消費は可処分所得の増加関数と仮定するわけです。

以上から，ここで問題にしている単純な需要決定型モデルでは，国内経済主体の可処分所得が決まれば，総需要が決まることになります。

●単純な消費関数

国内の経済主体の可処分所得は税金の存在を考慮すると，

> 国内可処分所得＝国内総所得－税金　　　　　　　　　　　(6.19)

になります。

(6.8)の「事後的に国内総生産と国内総所得は等しい」という関係を使うと，次式が得られます。

> 国内可処分所得＝国内総生産－税金　　　　　　　　　　　(6.20)

ここで税金を T（Tax）で表すと，以下のようになります。

> 国内可処分所得＝$Y - T$　　　　　　　　　　　　　　　　(6.21)

民間消費関数

先に民間消費は可処分所得の増加関数と仮定しました。これを，民間消費関数と呼ぶことにします。ここでは，民間消費関数は次のような国内可処分所得の一次増加関数であると仮定しましょう。

$$C = a + b(Y - T) \tag{6.22}$$

ここに，a と b は定数で，a と b については次のように仮定します。

$$a > 0, \; 0 < b < 1 \tag{6.23}$$

この民間消費間関数を図示してみましょう。図 6.4 は横軸に総供給である国内総生産 Y を，縦軸に民間消費をとったものです。いま，税金を一定の T_0 とすると，民間消費関数は一次増加関数ですから，図 6.4 の C のような右上がりの直線になります。

●可処分所得がマイナスでも消費はプラスになる

国内総生産が T_0 よりも小さくなると，国内可処分所得はマイナスになります。図 6.4 では国内総生産（Y）が T_0 に等しくなると，国内可処分所得（$Y - T_0$）はゼロになります。(6.22) から，このときの民間消費は a になります。

国内総生産がゼロになって，国内可処分所得が $-T_0$ のようにマイナスになっても，図 6.1 では，民間消費は C_0 でプラスです。可処分所得がマイナスでも民間消費がプラスになるのはなぜでしょうか。

人々の可処分所得がマイナスになっても，人々は次のいずれかの方法によって消費することができます。

貯蓄

第 1 は，これまでに貯蓄して貯めたお金があれば，それを使うことです。このためたお金を貯蓄残高といいます。たとえば，銀行預金が 500 万円あれば，そのうち一部を引き出して消費に充てることができます。

図 6.4 民間消費関数

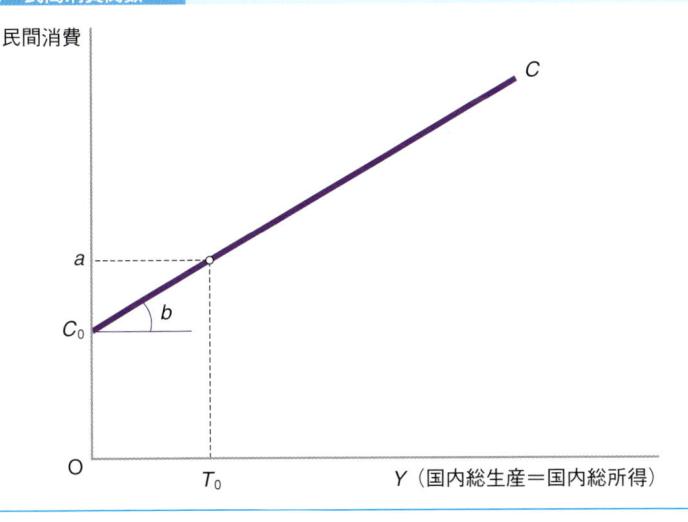

借金　　　　　第 2 は，借金することです。たとえば，貯蓄残高がゼロの場合，親や他人やあるいは消費者金融会社などからお金を借りて，それを消費に充てることができます。

贈与　　　　　第 3 は，誰かから贈与を受けることです。たとえば，親から仕送りを受けて，それを消費に充てる場合は，親から贈与を受けたことになります。

●総需要と総供給

ここで，総需要と総供給とを図示してみましょう。

ここでは，話を分かりやすくするために，民間投資 I，政府支出 G，輸出 EX および輸入 IM はすべて一定であると仮定しています。そこで，この一定の値をそれぞれ，I_0, G_0, EX_0, IM_0 で表しましょう。この場合，総需要は次のようになります。

$$総需要 = a + b(Y - T) + I_0 + G_0 + EX_0 - IM_0 \tag{6.24}$$

⑥　国内総生産の決定

図6.5 国内総生産の決定

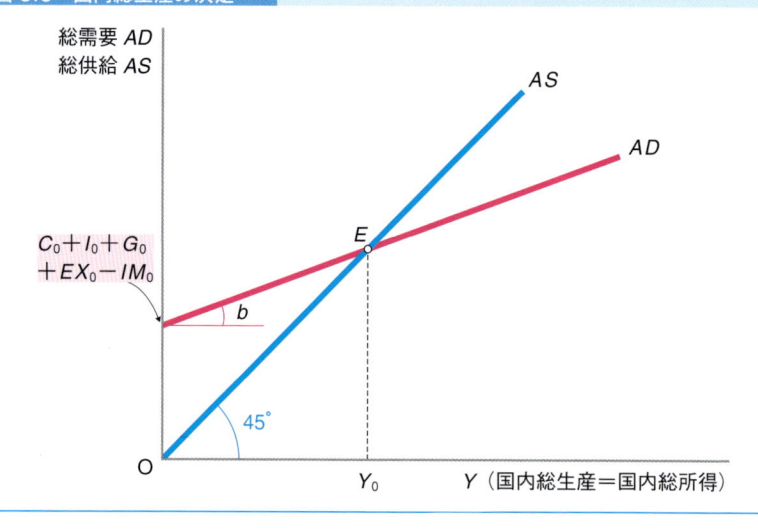

図6.5 は横軸に総供給である国内総生産 Y と国内総所得を，縦軸に総需要や民間消費などをとったものです。

(6.24)から，総需要は民間消費（$a + b(Y - T_0)$）に（$I_0 + G_0 + EX_0 - IM_0$）を加えたものです。したがって，国内総所得 Y がゼロのときの民間消費を C_0 とすると，総需要は図6.5 の AD（Aggregate Demand）のように，切片が（$C_0 + I_0 + G_0 + EX_0 - IM_0$）で，傾きが b の右上がりの直線になります。

次に総供給曲線を導きましょう。総供給は横軸で表されています。ここで，図6.5 の AS のような傾きが 45 度の直線を引いてみましょう。45 度線の性質により，この線上の縦軸の値は横軸の値である総供給に等しくなります。そこで，以下では，図6.5 を 45 度線図と呼びます。

45 度線上では，直線 AS の縦軸の値は総供給に等しくなりますから，直線 AS（Aggregate Supply）は総供給曲線を表すと考えることができます。

総需要曲線（AD）

45 度線図

総供給曲線（AS）

● 国内総生産の決定

次に，国内総生産がどのようにして決定されるかを考えましょう。いま考えている需要決定型の国内総生産決定モデルでは，総供給は総需要に等しくなるように決まります。

図6.5では，総供給が総需要に等しくなるのは，点Eです。このとき，総供給はY_0になり，総需要，すなわち，国内総支出に等しくなります。

国内総生産がY_0であれば，総需要と総供給が等しくなりますから，Y_0を均衡国内総生産といいます。このように，Y_0で総供給と総需要が一致するとき，国内総生産はY_0に決定されたといいます。

均衡国内総生産

● 国内総生産決定の数値例

ここで，国内総生産の決定を数値例を用いて説明しておきましょう。以下の数値例を数値例1と呼びます。

数値例1

(6.22)の消費関数で，$a = 100$, $b = 0.8$, $T = 50$（千万円）としましょう。したがって，

$C = 100 + 0.8(Y - 50)$

になります。他の総需要の項目については，$I = 100$（千万円），$G = 50$（千万円），$EX = 30$（千万円），$IM = 20$（千万円）としましょう。

以上から，(6.15)の右辺に上の需要項目の数値を代入すると，総需要ADは

$AD = 100 + 0.8(Y - 50) + 100 + 50 + 30 - 20$

これから，

$AD = 260 + 0.8(Y - 50)$になります。

国内総生産の均衡式(6.16)の右辺に上の総需要ADを代入すると，

$Y = 260 + 0.8(Y - 50)$

この式を Y について解くと，

$(1 - 0.8)Y = 260 - 40$

$\therefore Y = 1100$

以上から，均衡国内総生産は1100（千万円）になります。

●計画在庫投資と計画外在庫投資

<small>総供給と総需要が一致しない場合</small>

　それでは，総供給と総需要とが一致しない場合には，どのような調整が起きるでしょうか。この問題を理解するためには，(6.6)に即して説明した在庫投資を，計画在庫投資と計画外在庫投資に分けて考える必要があります。

<small>仕掛品</small>

　在庫投資とは，企業が将来の販売に備えて生産した財を売らずにとっておいたり，生産の途中段階にある仕掛品を増やしたりすることをいいます。前節で述べたように，企業が民間企業であれば，在庫投資は民間企業投資に分類されます。

<small>計画在庫投資</small>

　在庫投資には，「計画在庫投資」と「計画外在庫投資」があります。計画在庫投資とは，企業が財を販売する前に，将来の販売に備えて売らずにとっておこうと計画した在庫投資で，「意図した在庫投資」ともいいます。

<small>計画外在庫投資</small>

<small>意図せざる在庫投資</small>

　それに対して，計画外在庫投資とは，計画段階では売ろうとしたにもかかわらず，実際には売れ残ってしまった在庫品の増加のことです。計画外在庫投資は「意図せざる在庫投資」ともいいます。計画外在庫投資がマイナスの場合は，計画段階では売らずに保有しようとしていたにもかかわらず，実際には売ってしまったため，在庫が計画に反して減少したことになります。

　以上から，計画在庫投資（意図した在庫投資）は計画段階の在庫投資ですが，計画外在庫投資（意図せざる在庫投資）は事後的な在庫投資です。

<small>在庫投資の調整を通して一致する</small>

　総需要と総供給はこのような在庫投資が調整されることによって，一致すると考えられます。

図 6.6 超過需要のケースの総供給の調整

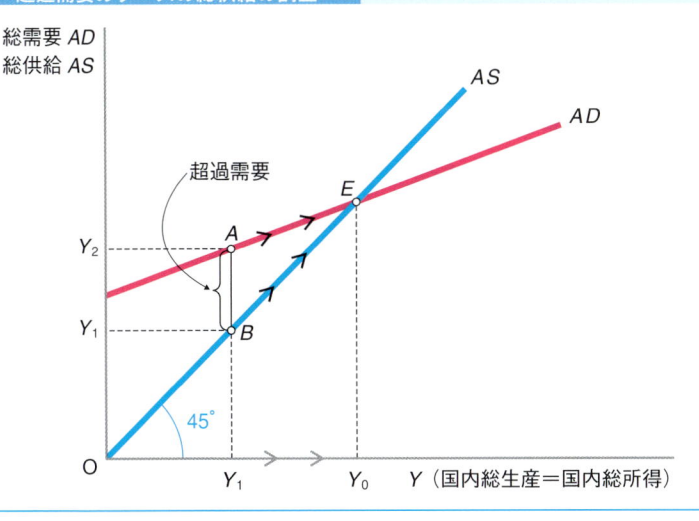

●超過需要のケース

そこではじめに，総需要の方が実際に生産された国内総生産よりも多い超過需要のケースを取り上げ，どのような在庫投資の調整が起きるかを説明しましょう。

図 6.6 で，企業が事前に計画した総供給を Y_1 としましょう。ここで，この Y_1 は事後的にも実現するとしましょう。つまり，事後的国内総生産は Y_1 です。これは事後的に実現した国内総所得でもあります。

一方，国内総所得が Y_1 のときの総需要は直線 AD 上の A で，Y_2 になります。このとき，

$$Y_2 - Y_1 = AB > 0 \tag{6.25}$$

ですから，総需要 Y_2 は実際に生産された国内総生産 Y_1（総供給）よりも多く，超過需要が存在しています。

この場合は，総需要の方が実際の総供給よりも多いわけですか

ら，売れ行きは好調です。好調な売れ行きに直面した企業は，①価格を引き上げるか，②将来の販売に備えてとっておこうとした計画在庫の一部または全部を売って需要に応ずるか，どちらかを選択するでしょう。ここでは，企業は②を選択するとしましょう。

②を選択すると，企業は計画在庫投資のすべてを実現することはできませんから，製品を販売した後に企業が保有する在庫は計画した在庫よりも減少します。そこで，これを「計画外の在庫の減少」あるいは「意図せざる在庫の減少」といいます。

意図せざる在庫の減少

計画外の在庫の減少に直面した企業は，生産を増やして，在庫を適正な水準まで引き上げようとするでしょう。このようにして，生産が増えれば，総供給は直線 AS 上を Y_0 に向かって増えていきます。

一方，総供給（＝国内総生産）が増えるにつれて，国内総所得も増えていきます。国内総所得が増えれば，消費が増えますから（(6.22)参照），総需要も直線 AD 上を Y_0 に向かって増えていきます。

このようにして，総供給が Y_0 まで増えれば，総供給は総需要，すなわち，計画された国内総支出に等しくなりますから，国内総生産は均衡生産量に達します。

●超過供給のケース

次に，図 6.7 によって，超過供給のケースを考えましょう。実際に生産された国内総生産と国内総所得を Y_4 とします。このとき，総需要は AD 上の D で，Y_3 になります。この場合，

$$Y_4 - Y_3 = CD > 0 \tag{6.26}$$

ですから，総供給は総需要よりも CD だけ多く，超過供給が存在します。

超過供給が存在すると，企業は売ろうとしても売れない在庫を

図 6.7 超過供給のケースの総供給の調整

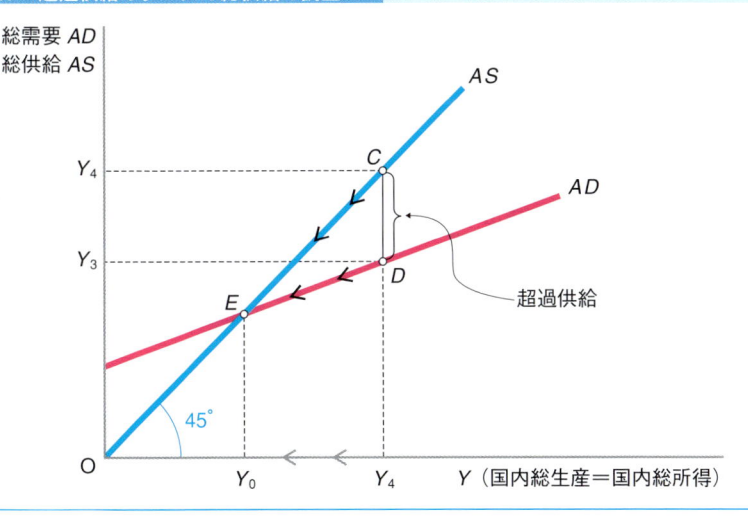

抱えることになります。このような在庫の増加は「計画外の在庫の増加」あるいは「意図せざる在庫の増加」になります。

意図せざる在庫投資

「計画外の在庫の増加」に直面した企業は生産を減らして，在庫を適正な水準まで減らそうとするでしょう。

このようにして，総供給と国内総所得は Y_0 に向かって減少します。総供給と国内総所得が Y_0 まで減少すれば，総供給は総需要，すなわち，計画された国内総支出に等しくなりますから，国内総生産は均衡生産量に達します。

● 事前と事後の相違

ところで，前節の (6.5) で示したように，事後的には，国内総生産は必ず国内総支出に等しくなります。

それに対して，図 6.5 では，均衡国内総生産である Y_0 以外の国内総生産は総需要である国内総支出に等しくなりません。この一見矛盾した結論はどのように解釈すればよいでしょうか。

図 6.8　国民経済計算の事前（計画）と事後の関係──超過需要のケース

Y_1	事後的国内総生産	1000			超過需要　20
	事後的国内総支出	1000			
	在庫投資以外の実現した計画支出	980	事後的在庫投資	20	計画在庫投資 −事後的在庫投資
Y_2	計画（事前的）国内総支出	980			
	在庫投資以外の計画支出	980	計画在庫投資	40	

（注）　在庫投資は民間企業在庫投資

事前と事後の違い

　この点を理解するためには，「事前の計画」と「事後に実現する」こととを区別して考える必要があります。この違いを超過需要が存在する場合について，数値例を用いて説明しましょう。

　図 6.8 では総供給を Y_1 とし，企業は財を販売する前に計画したとおり，Y_1 だけ生産するとします。すなわち，事後的な国内総生産は計画段階の事前的な国内総生産 Y_1 に等しいということです。ここでは，

総供給＝事後的国内総生産 $Y_1 = 1000$ 　　　　　　　　　　(6.27)

としましょう。なお，数値の単位は千万円とします。

　次に，総需要に関しては先に示した数値例1で表されるとします。

計画民間企業投資

　事後的国内総生産が 1000 であれば，事後的国内総所得も 1000 になりますから，消費者の事後的可処分所得（$Y − T$）は 950 になります。消費者はこの可処分所得を前提に消費計画を立てるとしましょう。数値例1の消費関数にこの可処分所得 950 を代入すると，民間消費は

　　　民間消費 $C = 100 + 0.8 × 950 = 860$

　(6.15)の総需要の定義式の右辺に，民間消費＝860 と数値例1（137頁）で与えられた I, G, EX, IM の数値を代入すると，

総需要＝1020　　　　　　　　　　　　(6.28)

(6.28)から(6.27)を差し引くと，

超過需要＝AB＝20　　　　　　　　　(6.29)

ここで，話を分かりやすくするために，総需要のうち，民間企業在庫投資以外はすべて計画が実現するとしましょう。また，計画民間住宅投資と計画民間企業設備投資の合計を60とし，この合計も事後的に実現するとします。この仮定の下では，事後的企業在庫投資の定義式(6.6)の右辺に，以上で与えられた数値を代入すると，事後的民間企業在庫投資は次のようになります。

事後的民間企業在庫投資＝1000
$$-(860+60+50+30-20)$$
$$=20 \quad (6.30)$$

(6.6)と(6.7)を使って説明したように，この事後的民間企業在庫投資の定義から，事後的には国内総生産と国内総支出はともに，1000になります。しかし，事前的には両者は一致しません。その点を次に説明しましょう。

まず，事前の計画では，投資に関して次式が成立します。

計画民間投資＝計画民間住宅投資＋計画民間企業設備投資
　　　　　＋計画民間企業在庫投資　　　　　　　　(6.31)

上で仮定した数値から，計画民間投資 I は100，計画民間住宅投資と計画民間企業設備投資の合計は60ですから，これらの数値を(6.31)の右辺に代入すると，

計画民間企業在庫投資＝40　　　　　　(6.32)

(6.32)から(6.30)を引くと，

計画民間企業在庫投資－事後的民間企業在庫投資＝20
　　　　　　　　　　　　　　　　　　　　(6.33)

(6.29)と(6.33)から，図6.6の超過需要 AB は，民間企業が事前に計画した在庫投資（40）と事後的に実現した在庫投資

(20) の差に等しいことが分かります。

　これは，超過需要が存在すると，売れ行きがよいため，企業は事前の計画では，将来の販売に備えてとっておこうとした在庫をとり崩して，販売に充てていることを示しています。その結果，事後的に実現する民間企業在庫投資は事前に計画した民間企業在庫投資よりも AB だけ少なくなるのです。このようにして，超過需要が存在するときには，AB に等しい「意図せざる在庫の減少」が発生します。

　意図せざる在庫の減少に直面した企業は，在庫を適正な水準まで増やそうとして，生産を増やします。こうした生産と在庫の調整によって，国内総生産は均衡国内生産に等しくなるまで増加します。

　超過供給が存在する場合には，事前的には，国内総生産は国内総支出よりも大きくなります。しかし，事後的には国内総生産と国内総支出は等しくなります。その理由については練習問題1の(4)とその解答を参照してください。

　また，練習問題2は超過供給のケースの数値例を使った問題ですので，その問題と解答によって，事前と事後の関係について理解を深めてください。

◆ 練習問題

1 次のカッコ内を適切な言葉で埋めて，経済学的に意味のある文章にしなさい。
  (1) ある財の生産高が 100 万円で，中間投入が 20 万円であれば，その財の生産によって生み出された付加価値は（ア）万円である。
  (2) 中間投入とは，各々の生産者が生産のために使用した（イ）や燃料などの（ウ）とサービスのことである。
  (3) 事後的に，国内総支出が 500 兆円，民間消費が 300 兆円，民間投資が 80 兆円，政府支出が 100 兆円で，輸入が 70 兆円であれば，輸出は（エ）兆円である。
  (4) 図 6.7 のように，総供給が総需要よりも大きいときには，超過（オ）が存在するという。この場合，図 6.7 では，事後的な在庫投資は計画した在庫投資よりも（カ）だけ（キ）くなる。しかし，事後的な在庫投資が計画在庫投資に一致しなくても，事後的国内総支出を決定するのは，事（ク）的な在庫投資ではなく，事（ケ）的な在庫投資である。したがって，事後的には，必ず，国内総支出は国内総生産に等しくなる。

2 消費関数は $C = 100 + 0.8(Y - T)$ で示され，税金 T は 50，事前的な I, G, EX, IM はそれぞれ，200，100，30，20 とする。
  このとき，事後的な国内総生産が 2000 であるとして以下の問いに答えなさい。
  (1) 超過供給，超過需要のいずれが存在するか。ただし，民間消費は事後的に実現した可処分所得を上の消費関数に代入して得られる金額に等しいとする。
  (2) G と EX 及び IM は事後的にもそれぞれ 100，30，20 で，民間住宅投資と民間企業設備投資の合計は事前的にも事後的にも 160 であるとすれば，計画民間企業在庫投資と事後的民間企業在庫投資の差はいくらになるか。
  (3) 2000 の国内総生産が実現した後，国内総生産は増加し始めるか，それとも減少し始めるか。
  (4) 均衡国内総生産はいくらになるか。

第7章

経済の変動と安定化政策

- 7.1 国内総生産の変動
- 7.2 マクロ経済の安定化政策

　第6章では，単純なモデルを用いて，国内総生産がどのようにして決定されるかを説明しました。日本経済をはじめ多くの国の経済が経験してきたように，実際の国内総生産は増えたり，減ったり変動しながら，長期的に見ると増大しています。そこでこの章では，なぜ国内総生産は変動するのか，その変動を小さくして，完全雇用を維持するためにはどのようなマクロ経済の安定化政策を採用すればよいかといった問題を説明します。

7.1　国内総生産の変動

●戦後日本の国内総生産の推移

実質国内総生産　図 7.1 は，1955 年から 2000 年までの日本の実質国内総生産の推移を示したものです。実質国内総生産とは物価の変化の影響を除去した国内総生産のことです。以下では，実質国内総生産を単に国内総生産ということにします。

この図から，日本の国内総生産は 1965 年以降趨勢的に増加してきたことが分かります。1955 年から 2000 年までで，国内総生産が前年よりも減少した年は 1974 年と 1998 年の 2 年だけです。

次に，国内総生産の対前年比の変化を見てみましょう。国内総生産の対前年比とは，国内総生産の対前年増減額を前年の国内総生産で割った値に 100 をかけて，％で表示したもので，経済成長率と呼ばれます。

経済成長率

図 7.2 に示されているように，1956 年から 2000 年にかけて，日本の経済成長率は 1974 年に － 1.2％に，1998 年に － 2.5％になった以外はすべてプラスです。しかし，経済成長率の高さは時期によって異なります。1956 年から 1973 年までの平均経済成長率は 9.3％で，高度経済成長期と呼ばれます。これは 7 年半で，国内総生産が倍になる大きさの成長率です。

高度経済成長期

第 1 次石油危機　1973 年の 10 月に，中東の石油産出国が原油の生産を削減して，その価格を大幅に引き上げるという第 1 次石油危機が発生しました。これにより，原油価格は高騰し，1974 年には前年の 4.5 倍になりました（図 7.3 参照）。この原油価格の高騰した 1974 年には，日本の経済成長率は戦後始めてマイナスになりました。それ以後，1986 年までの平均成長率は 3.4％と，高度経済成長期の 3 分の 1 強にまで低下しました。

1987 年から 1991 年にかけては，平均成長率は 4.6％に上昇

図 7.1 戦後日本の実質国内総生産の推移

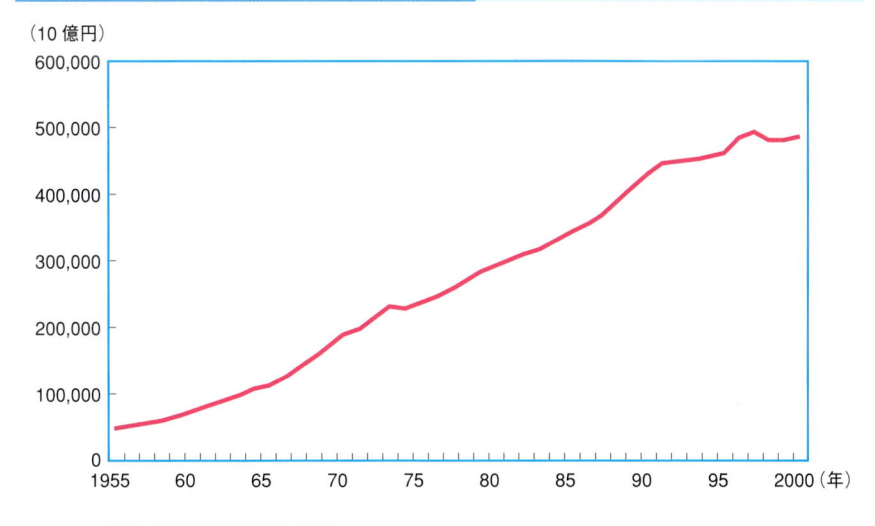

(注) 旧 68SNA90 年基準
(出所) 内閣府『国民経済計算年報』

図 7.2 戦後日本の経済成長率の推移

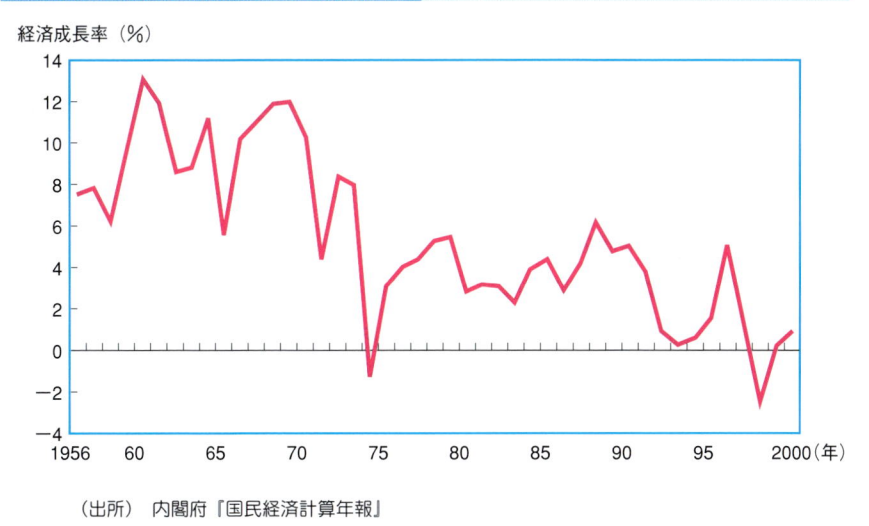

(出所) 内閣府『国民経済計算年報』

図 7.3 原油価格の推移

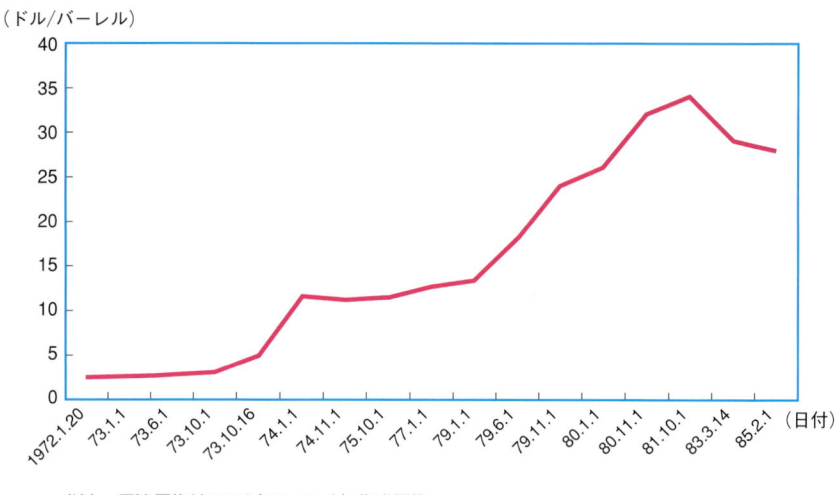

(ドル/バーレル)

(注) 原油価格はアラビアンライト公式価格
(出所) 日本銀行『国際比較統計』1991 年

バブル景気から低成長時代へ

し，後にバブル景気と呼ばれるようになります。しかし，1992年から一転して，低成長時代に入り，2000年までの平均成長率はわずか1％にとどまりました。

以上のように，経済成長率は毎年変動しながら，趨勢的に見ると低下傾向にあります。

経済成長率と企業の投資活動

プラスの経済成長が続くと，企業はプラスの経済成長を前提に設備投資や研究開発投資などを行うようになります。設備投資や研究開発投資などによって，生産性が向上するため，経済全体の最大限可能な総供給の大きさ，すなわち，最大限の総供給能力は毎年拡大していきます。したがって，総需要がこの最大限の総供給能力の拡大に合わせて増加しなければ，企業は生産を総需要に応じて調整しますから，国内総生産は最大限の総供給能力以下の水準にとどまってしまいます。

そのため，経済成長率がプラスであっても，売上高が企業の期待したほどには伸びず，過剰な設備や過剰な労働が発生し，失業者が増えたり，企業収益が悪化したりします。

したがって，実際の経済成長率がプラスであっても，それが企業の予想したほど高くない場合には，景気は悪化します。

このように，プラスの経済成長が続くと，成長率が上昇したり，比較的高い水準が維持されるときは，景気はよいといわれ，成長率が低下したり，低い水準で推移したりするときは，景気は悪いといわれます。

それでは，なぜ国内総生産は変動し，景気がよくなったり，悪くなったりするのでしょうか。

前章で説明したように，国内総生産は総供給と総需要とが等しくなるように決定されます。したがって，国内総生産を変動させる要因は供給側と需要側の両方にあると考えられます。この章では，総需要側の要因を考えてみましょう。総供給を変化させる要因は次章で説明します。

●民間企業在庫投資の変動による国内総生産の変動

国内総生産を変動させる需要側の要因のうち，最も大きな要因の一つは民間企業投資です。民間企業投資は民間企業在庫投資と民間企業設備投資とに分けられます。はじめに，在庫投資に注目しましょう。

図 7.4 に示されているように，民間企業在庫投資は大きく変動する傾向があります。

第 6 章 6.2 節で説明したように，民間企業の計画在庫投資と実現した在庫投資との乖離は国内総生産を変動させます。計画在庫投資が実現した在庫投資を上回れば（図 6.6 の超過需要のケース（139 頁）），企業は意図せざる在庫の減少に直面します。そこで，企業は在庫を適正な水準まで増やそうとして，生産を増や

図 7.4　民間企業設備投資と民間企業在庫投資の推移

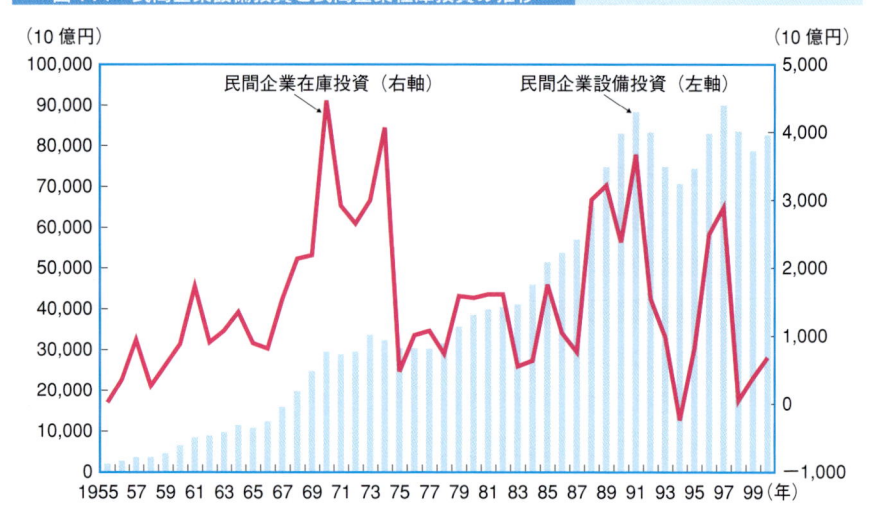

（注）　旧 68SNA 90 年基準
（出所）　内閣府『国民経済計算年報』

します。こうして，国内総生産は総需要に等しくなるまで増大し，均衡が達成されます。この均衡では，計画在庫投資は実現した在庫投資に等しくなっています。

逆に，実現した在庫投資が計画在庫投資を上回れば（図 6.7 の超過供給のケース（141 頁）），企業は意図せざる在庫の増加に直面します。そこで企業は在庫を適正な水準まで減らそうとして，生産を減らします。こうして，国内総生産は総需要に等しくなるまで減少し，均衡が達成されます。この均衡では，計画在庫投資は実現した在庫投資に等しくなっています。

意図せざる在庫の増加

●民間企業設備投資の変動による国内総生産の変動

民間企業設備投資の大きさは在庫投資よりもはるかに大きいため，その変動は在庫投資の変動よりも大きな国内総生産の変動を

図 7.5 民間企業設備投資の変動による国内総生産の変動

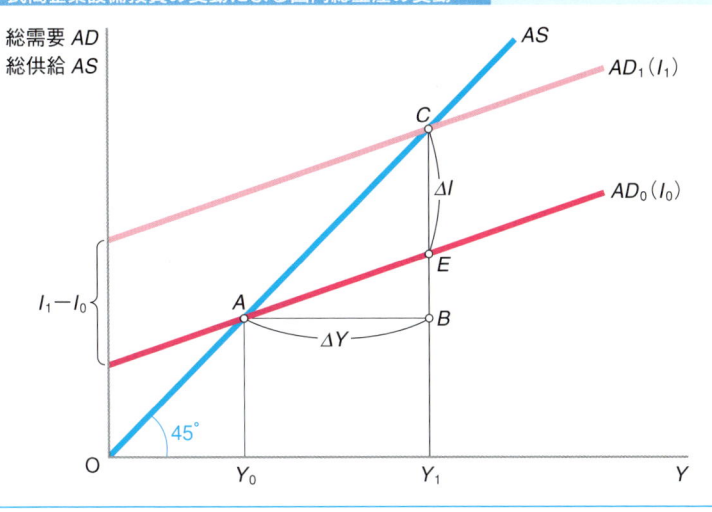

もたらします（図 7.4 参照）。

図 7.5 は民間企業設備投資の変動によって、どのように国内総生産が変動するかを示したものです。以下では、民間企業設備投資を単に設備投資と呼びます。

さて、当初の総需要を AD_0 とすると、国内総生産は Y_0 に決定されます。このときの設備投資を I_0 とします。図の $AD_0(I_0)$ は設備投資が I_0 のときの総需要曲線を表します。以下でも、同様の表示方法を用います。

次に、何らかの理由で、設備投資が I_1 に増加したとしましょう。この増加により、総需要は $(I_1 - I_0)$ だけ増加しますから、AD 曲線は上方に $(I_1 - I_0)$ だけ平行移動して AD_1 になります。新しい均衡国内総生産は Y_1 へと増加します。

ここで、ΔY と ΔI をそれぞれ $\Delta Y = Y_1 - Y_0$、$\Delta I = I_1 - I_0$ と定義すると（Δ はデルタと読みます）、図 7.5 では、$\Delta Y = AB$、$\Delta I = CE$ になります。直線 AS の傾きは 1 で、45 度です

Δ（デルタ）は増分を示す記号

7 経済の変動と安定化政策

から，三角形 ABC は直角二等辺三角形になります。したがって，$AB = CB = \Delta Y$ です。図から分かるように，

$$\Delta Y = CB > CE = \Delta I \tag{7.1}$$

から，国内総生産の増加 ΔY は設備投資の増加 ΔI よりも大きいことが分かります。

設備投資が減少する場合の国内総生産の変動は，図 7.5 で，設備投資が I_1 から I_0 に減少する場合を考えれば理解できます。すなわち，この場合は，総需要曲線が AD_1 から AD_0 へと下方に $(I_1 - I_0)$ だけ平行移動しますから，均衡国内総生産は Y_1 から Y_0 に減少します。

●投資乗数

(7.1) から，

$$\frac{\Delta Y}{\Delta I} = \frac{CB}{CE} > 1 \tag{7.2}$$

投資乗数

が得られます。(7.2) の左辺は投資が増加したときに，国内総生産がどれだけ増加するかを示しており，「投資乗数」といいます。

投資乗数が 1 よりも大きいことは，投資が増加すると国内総生産は投資の増加以上に増加することを意味します。それでは，投資乗数が 1 よりも大きくなるのはなぜでしょうか。

●投資乗数が 1 より大きくなる理由

ここでは，総供給に大きな余裕があるため，国内総生産は総需要の増減に合わせて増減すると仮定しています。この仮定を前提として，いま，ある自動車会社が自動車を組み立てるための機械の購入を 1 億円だけ増やすケースを考えてみましょう。

この自動車会社による機械の購入は，設備投資に分類されます。

設備投資は総需要の一部です。総供給は総需要の増加に応じて増えると仮定していますから，自動車会社による1億円の機械の購入——すなわち，機械の需要——に応じて，自動車組み立て機械を製造する企業は1億円の機械を生産します。この機械の生産によって国内総生産は1億円だけ増加します。

設備投資増加の第1次効果　このときの1億円の国内総生産の増加は1億円の付加価値の増加を意味します。1億円の付加価値は付加価値の生産に貢献した労働者などに分配されますから，国内総所得も1億円だけ増えます。これが設備投資増加の第1次効果です。

ここで，国内総生産を生産と，国内総所得を所得と，それぞれ略すと，

> 設備投資増加の第1次効果＝1億円の生産増加＝1億円の所得増加　　(7.3)

となります。

しかし，設備投資増加の効果はこれだけにとどまりません。というのは，所得が1億円増えた人たちは，その増えた所得の一部を使って消費を増やそうとすると考えられるからです。たとえば，かれらは増えた1億円の所得の70％に相当する7,000万円を消費し，残りを貯蓄するとしましょう。このとき増えた消費を増限界消費性向えた所得で割った値を「限界消費性向」といいます。

増えた所得を ΔY で，増えた消費を ΔC で表すと，

$$\text{限界消費性向} = \frac{\Delta C}{\Delta Y} \tag{7.4}$$

になります。増えた所得の70％を消費する場合は，限界消費性向は0.7になります。

消費関数が第6章で示した，

$$C = a + b(Y - T) \tag{6.22}$$

であれば，限界消費性向は上の消費関数の傾きである b に等し

くなります。限界消費性向が 0.7 であれば，所得が 1 億円増えると，消費は 7,000 万円だけ増えます。

　ここでは，総供給は総需要の増加に応じて増えると仮定していますから，総需要の一部である消費が 7,000 万円増えると，その消費の増加に応じて，消費財を生産している企業（以下，消費財産業といいます）は生産を 7,000 万円だけ増やします。したがって，消費財産業における所得も 7,000 万円だけ増えます。これが設備投資増加の第 2 次効果です。すなわち，

設備投資増加の第 2 次効果 ＝ 7,000 万円の生産増加
　　　　　　　　　　　　＝ 7,000 万円の所得増加　　(7.5)

> 設備投資増加の第 2 次効果

　消費財産業に従事している人たちの消費性向も 0.7 であるとしましょう。この場合には，かれらの所得は 7,000 万円だけ増えましたから，かれらの消費は増えた所得の 70％である 4,900 万円だけ増えます。この消費の増加に応じて，消費財産業はさらに 4,900 万円だけ生産を増やします。これによって，消費財産業の所得も 4,900 万円だけ増えます。これが設備投資増加の第 3 次効果です。

> 設備投資増加の第 3 次効果

設備投資増加の第 3 次効果 ＝ 4,900 万円の生産増加
　　　　　　　　　　　　＝ 4,900 万円の所得増加　　(7.6)

　以上の設備投資増加の第 1 次効果から第 3 次効果までの国内総生産と国内総所得の増加の合計は，2 億 1,900 万円になりますから，設備投資の増加 1 億円よりも大きくなります。

　設備投資増加の効果は第 3 次効果にとどまらず，さらに続きます。消費者全体の限界消費性向が 0.7 であれば，最終的な国内総生産と国内総所得の増加は 1 億円の設備投資の増加の約 3.3 倍の 3 億 3,000 万円に達します。この計算については，巻末の参考文献 3 の (3) を参照してください。

　以上から，次のことが分かります。設備投資が増えると，まず，それに応じて生産と所得が増えます。所得が増えると消費が増え，

その消費の増加に応じて，再び生産と所得が増えます。この生産，所得，および消費の増加が次々に起きるため，当初の設備投資の増加はその増加よりも大きな国内総生産の増加をもたらすのです。

●税金と投資乗数

設備投資増加の第2次効果や第3次効果から分かるように，投資乗数は限界消費性向が小さくなれば，小さくなります。それ以外の投資乗数を小さくする要因としては，税金と輸入があります。

課税の影響　　まず，税金と投資乗数の関係を考えてみましょう。所得税のように，税金が所得の増加につれて増加する場合には，可処分所得は増加した所得ほどには増えません。たとえば，次のように，税金が国内総所得に比例するケースを考えてみましょう。

$$\text{税金 } T = tY \tag{7.7}$$

ここに，t は税率で，$0 < t < 1$ の定数です。

この税制の下では，可処分所得は次のようになります。

$$\text{可処分所得} = Y - tY = (1-t)Y \tag{7.8}$$

この場合には，所得が ΔY だけ増えても，可処分所得は ΔY よりも小さい $(1-t)\Delta Y$（これは ΔY よりも小さいことに注意）だけしか増えません。

たとえば，t を 0.2（すなわち，20％の税率）としましょう。この場合には，1億円の設備投資の増加によって，税引き前の所得が1億円増えても，所得税が2,000万円課せられますから，税引き後の可処分所得は8,000万円しか増えません。したがって，限界消費性向を0.7とすると，この可処分所得の増加による消費，生産，税引き前所得の増加は5,600万円（これは，増えた可処分所得8,000万円に限界消費性向0.7をかけて求めら

れます）にとどまります。これは設備投資増加の第 2 次効果ですが，前項の税金がない場合の第 2 次効果（7,000 万円）よりも 1,400 万円だけ小さくなっています。

同様にして，所得が増えるにつれて税金が増える場合には，税金が増えない場合に比べて，設備投資増加の第 3 次効果以降の効果も小さくなります。

以上から，税金が所得の増加と共に増加する場合には，増加しない場合よりも，投資乗数は小さくなることが分かります。

●輸入と投資乗数

輸入の影響　　一般に，国内総生産が増えるときには，輸入も増えると考えられます。たとえば，国内総生産が増える結果，家計の所得が増えれば，ベンツのような外国産の自動車を買おうとする家計が増えると考えられます。あるいは，企業が生産を拡大するときには，原油などの資源の輸入も増えるでしょう。

国内総生産が増えるときに，輸入が増えると，投資乗数はどのような影響を受けるでしょうか。輸入は国内総生産物に対する需要ではなく，外国産の財・サービスに対する需要です。たとえば，国内総生産と国内総所得の増加に伴って増える消費のうち，輸入製品に対する需要は，国内総生産に対する需要ではありません。

したがって，増加した消費のうち輸入製品に対する需要の増加は，国内の総供給の増加を誘発しません。また，企業などが生産の増加に伴って輸入する原油などの資源は，付加価値から控除しなければなりませんから，その分国内総生産の増加は小さくなります。

以上から，輸入の増加は投資乗数を低下させる要因であることが分かります。

図 7.6　最大可能な総供給

財 A

生産可能性曲線

O　　　　　　　　　　　　　　　　財 B

●国内総生産と雇用の関係

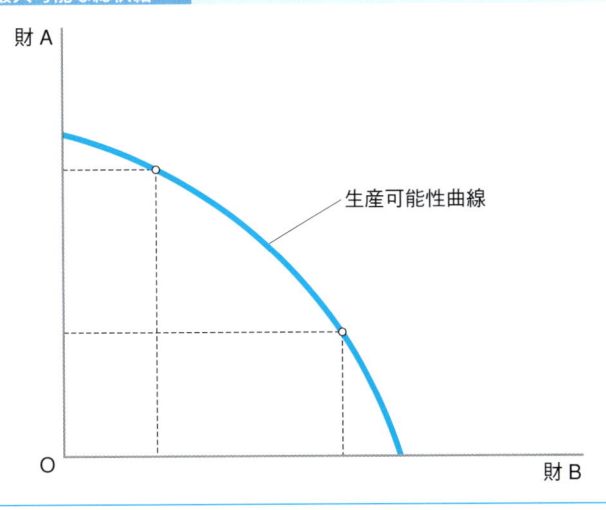

　ここで，国内総生産と雇用の関係を説明しておきましょう。

　どのような経済においても，1年といったある一定の期間をとると，生産に投入できる機械などの実物資本や労働などの生産要素の量には限りがあります。そこで，当該の経済がある期間に投入できる最大限の生産要素を使って生産可能な国内総生産の量を，「最大可能な総供給」と呼びましょう。国内総生産が2種類の財から構成されると単純化して考える場合には，この最大可能な総供給は図 1.8（13ページ）で説明した生産可能曲線上の財の組合せになります（図 7.6）。

最大可能な総供給

　実際の国内総生産が最大可能な総供給に等しければ，働きたい人はすべて働いている状態です。この状態を完全雇用といいます。そこで，最大可能な総供給に等しい国内総生産を完全雇用国内総生産といいます。

完全雇用

完全雇用国内総生産

　それに対して，実際の国内総生産が最大可能な総供給（つまり，

7　経済の変動と安定化政策

完全雇用国内総生産）未満であれば，働きたくても働けない人が存在します。このような人を非自発的失業（者）といい，非自発的失業が存在している状態を不完全雇用といいます。

実際の社会には，働きたくないために働いていない人が存在します。そのような人を自発的失業（者）と呼んで，非自発的失業と区別します。

非自発的失業
不完全雇用

自発的失業

●総供給と物価の関係

次に，いままで前提としてきた「総供給は物価一定のまま，総需要に応じて調整される」という仮定の意味を説明しておきましょう。

図 7.7 は横軸に国内総生産を，縦軸に物価をとったものです。総供給曲線 AS は国内総生産が Y_0 までは一定の P_0 で水平な直線ですが，国内総生産が Y_0 を超えると，右上がりになり，国内総生産が Y_f に達すると垂直になっています。この Y_f がいま問題にしている期間における最大可能な総供給を表しています。当該の経済はこの最大可能な総供給である Y_f を超えて，生産を増やすことはできません。

総供給曲線の垂直部分

総供給曲線の水平部分は，総需要が Y_0 以下であれば，総供給は物価が一定の P_0 のまま，総需要の増加に応じて増加することを意味します。それは，Y_0 以下の国内総生産は最大可能な総供給 Y_f よりもかなり小さいため，どの企業も費用の増加に直面することなく生産を拡大できると考えられるからです。

総供給曲線の水平部分

これまで，物価を一定として，総供給は総需要の増加に応じて増加すると仮定してきましたが，正確にいえば，その仮定が適切であるのは総需要が Y_0 以下の水準にある場合です。

しかし，総需要が Y_0 を超えると，費用の増大に直面する企業が増えるため，そのような企業は生産する財・サービスの価格が上昇しなければ，採算がとれなくなります。そのため，そのよう

図 7.7 物価と総供給の関係

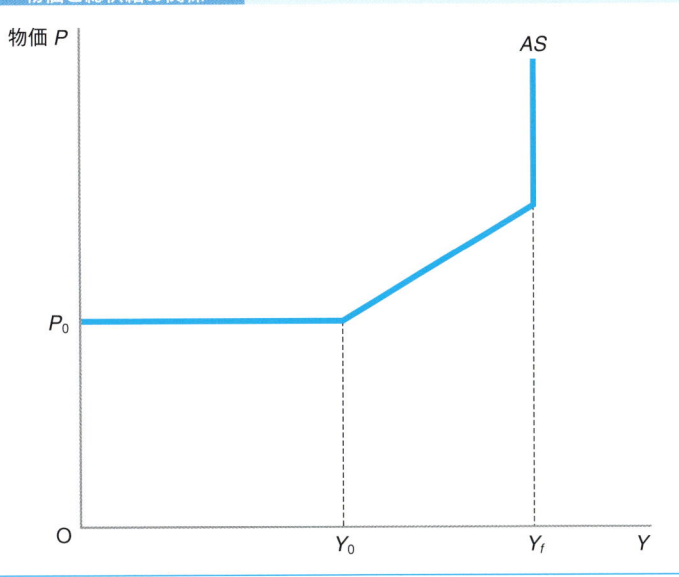

な企業は価格が上がらなければ，生産を拡大しようとはしなくなります。国内総生産が Y_0 を超えると，総供給曲線 AS が右上がりになるのは，そのためです。

さらに総需要が増加して，Y_f 以上になると，総供給を総需要の増加に応じて，Y_f 以上に増やすことはできなくなります。そのため，国内総生産は Y_f を超えては増えず，物価だけが総供給曲線 AS の垂直な部分に沿って上昇します。

7.2 マクロ経済の安定化政策

●需要不足と非自発的失業

図 7.7 から，総需要が Y_f 未満であれば，均衡国内総生産は Y_f 未満にとどまります。実際の国内総生産が Y_f 未満であれば，働

きたくても働けない人，つまり，非自発的失業が生じます。この状態を需要不足といいます。需要不足のために発生する非自発的失業は，失業している人にとっては，生活できるかどうかの死活問題です。したがって，社会は非自発的失業の存在を放置すべきではなく，それを減らす努力をすべきであると考えられます。

> 需要不足
> 非自発的失業の発生と存在

非自発的失業者が存在する限り，当該の経済はもしもかれらが働くことができれば生産可能なはずだった国内総生産を失うことになります。これは当該の経済にとって損失になります。つまり，非自発的失業は失業者だけの損失ではなく，社会全体にとっても損失になるのです。

> 社会的損失

●完全雇用を達成するための財政政策

非自発的失業は総需要が完全雇用国内総生産よりも少ないために発生します。したがって，総需要を完全雇用国内総生産に等しくなるまで増やせば，生産を増やすための雇用も増えますから，非自発的失業は解消され，完全雇用が実現します。

総需要が不足して，実現する国内総生産が完全雇用国内総生産よりも小さい場合には，経済には総需要の増加に応じて総供給を増やすことができる余地があります。したがって，何らかの方法で，総需要を増やすことができれば，非自発的失業を減らすことができます。

その一つの方法は，総需要の構成要素のうちの政府支出 G を増やす財政政策です。図 7.8 は当初の政府支出を G_0 とし，それを G_1 に増やしたときに，国内総生産がどのように変化するかを示したものです。$AD_0(G_0)$ は政府支出が G_0 のときの総需要曲線です。当初の均衡点は A で，そのときの均衡国内総生産は Y_0 で，完全雇用国内総生産 Y_f よりも小さくなっています。

> 財政政策
> 政府支出の効果

政府支出は総需要を構成する支出ですから，それを G_1 まで増やすと，総需要は $(G_1 - G_0)$ だけ増えます。したがって，総需

図7.8 政府支出の増加による国内総生産の増加

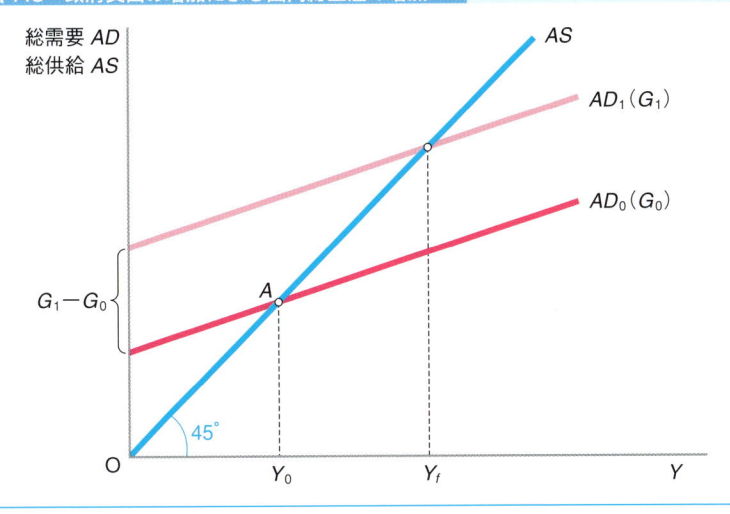

要曲線は $(G_1 - G_0)$ だけ平行に上方シフトして AD_1 になります。均衡国内総生産は完全雇用国内総生産に等しくなり，非自発的失業は解消されます。

政府支出が増加すると，総需要曲線が上方にシフトして，国内総生産が増加するメカニズムは，民間企業設備投資の増加が国内総生産を増加させるメカニズムとまったく同じです。政府支出の増加によって増えた国内総生産を，増加した政府支出で割った値を政府支出乗数または財政支出乗数といいますが，その大きさは，すでに説明した投資乗数の大きさに一致します。

政府支出乗数，財政支出乗数

実際に，完全雇用を達成するためによく採用される政府支出の拡大政策は，公共投資の拡大です。

公共投資の拡大

●完全雇用を達成するための減税政策

減税政策の効果

(7.8)から，税金 T を減らす減税政策も，各経済主体の可処分所得を増やすことによって，消費という総需要の一部を増やすこ

図7.9 減税と国内総生産の増加

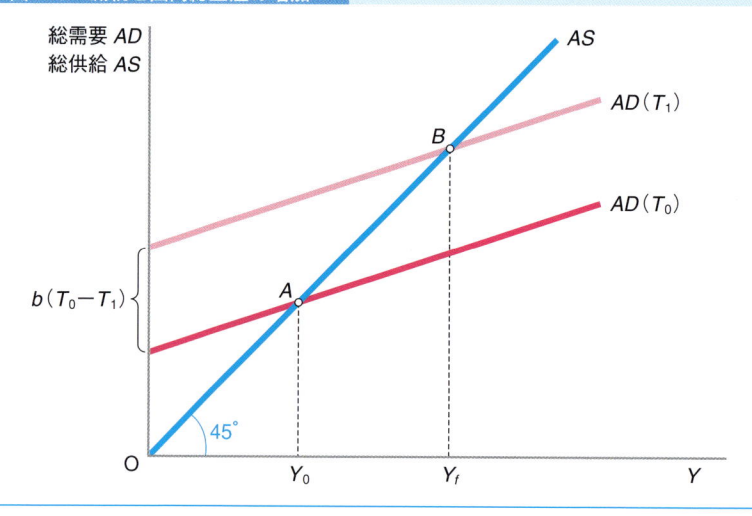

とができることが分かります。

図7.9では、当初の税金は T_0 で、均衡国内総生産は Y_0 です。ここでは、消費関数を(6.22)のように仮定していますから、税金が T_0 であれば、消費関数は次のようになります。

$$C = a + b(Y - T_0) = a - bT_0 + bY \tag{7.9}$$

次に、減税政策によって、税金を T_1 に減らすとしましょう。消費関数は次のように変化します。

$$C = a + b(Y - T_1) = a - bT_1 + bY \tag{7.10}$$

(7.10)から(7.9)の辺々を引き、消費の変化を ΔC で表すと、以下のようになります。

$$\Delta C = -b(T_1 - T_0) \tag{7.11}$$

減税により、$(T_1 - T_0) < 0$ ですから、$\Delta C > 0$ になります。

これから，減税によって，消費は任意の国内総生産の下で，$b(T_0 - T_1)$だけ増えることが分かります。したがって，この減税政策によって，総需要曲線はAD_0からAD_1へと$b(T_0 - T_1)$だけ平行に上方シフトします。このシフトの結果，均衡点はBに移動し，完全雇用国内総生産が実現します。

●完全雇用を達成するための金融緩和政策

金融緩和政策・利子率の引き下げ

完全雇用を達成する手段として，金融緩和政策があります。これは利子率を引き下げることによって民間企業投資を増やして，総需要曲線を上方にシフトさせる政策です。

企業が資金を銀行などから借りて投資する場合には，借入金の利子率が低下すれば，企業は投資を増やそうとする可能性があります。したがって，金融緩和政策によって，利子率が低下すれば，総需要曲線が上方にシフトし，国内総生産は増加します。このとき，企業は生産を増やすために，雇用を増やすと考えられますから，非自発的失業は減少するでしょう。

●財政政策の限界

総需要拡大政策

完全雇用を達成するための政府支出の拡大，減税，金融緩和政策などを総需要拡大政策といいます。しかし，これらの政策によって，常に完全雇用が達成できるとは限りません。

たとえば，政府が政府支出の増大や減税を実施すると，税収などの政府収入から政府支出を引いた財政収支はマイナス，すなわち，赤字になります。そこで政府は国債を発行して，民間から資金を集めてこの財政赤字を埋めなければなりません。国の赤字が増えると，人々は，政府はこの赤字を減らすために，近い将来，増税するであろうと予想するかもしれません。

人々の予想

人々がこのように増税を予想すると，人々の将来の可処分所得は減ると予想されます。そこで，人々は将来の可処分所得の減少

7 経済の変動と安定化政策

に備えて，消費を減らして，貯蓄を増やそうとする可能性があります。そうなると，政府支出を増やしても，それによる総需要の増加は消費の減少によって相殺されてしまう可能性があります。

また，減税によって現在の可処分所得が増えても，将来は逆に，増税によって可処分所得は減ると，人々が予想すると，人々は現在，消費を増やそうとしなくなる可能性があります。この場合は，減税しても，総需要は増えません。

以上のように，政府支出の増加や減税が実施されるときに，人々が将来の増税を予想するようになると，これらの財政策によって，国内総生産を増加させる効果は次第に小さくなってしまいます。

なお，こうした完全雇用を達成するための財政政策の限界についてのより詳しい分析は，上級の教科書（たとえば，巻末の参考文献の3の（4）を参照してください。

●金融緩和政策の限界

一方，金融緩和政策による総需要拡大効果は，①その政策による利子率の低下が小さい場合や，②利子率が低下しても，民間企業投資があまり増えない場合には，小さくなります。

国内総生産の落ち込みが激しい深刻な不況の下では，①や②の状況に陥って，金融緩和政策の総需要拡大効果は小さくなる可能性があります。したがって，金融政策は経済がそのような深刻な不況に陥らないように，予防的に運営することが重要です。

予防的運営

●金融緩和政策とインフレ

実際の国内総生産が完全雇用国内総生産に等しいか，それに近い水準にあるときに，金融緩和政策のような，総需要を拡大させる政策をとり続けると，実質国内総生産がまったく増加しないまま，物価だけが図7.7の総供給曲線の垂直部分に沿って上昇し続ける可能性があります。このように持続的に物価が上昇するこ

持続的な物価の上昇＝インフレーション

とをインフレーション，略して，インフレといいます。

名目所得　　このようなインフレは，インフレに伴い，貨幣で測った所得（これを名目所得といいます）が増えない家計にとっては，所得の購買力の低下をもたらしますから，かれらの生活水準は低下します。したがって，このようなインフレは望ましくありません。しかし，このことはゼロのインフレが国民生活にとって望ましいことを意味しません。この点についてはより上級の教科書（たとえば，巻末の参考文献3の（3）を参照してください。

◆ 練習問題

1　次のカッコ内を適切な言葉で埋めて，経済学的に意味のある文章にしなさい。
　総供給が物価を変化させることなく総需要の増加に応じて増加する経済では，設備投資が増えると，まず，それに応じて（ア）と（イ）が増える。（イ）が増えると（ウ）が増え，その（ウ）の増加に応じて，再び（ア）と（イ）が増える。以上のプロセスが繰り返されると，当初の設備投資の増加はその増加よりも（エ）な国内総生産の増加をもたらす。こうした設備投資増加の効果を（オ）効果という。

2　非自発的失業が存在する場合に，公共投資を増やすと，雇用はどのように変化するか。45度線図を用いて説明しなさい。

3　非自発的失業が存在する場合に，所得税を減税すると，雇用はどのように変化するか。45度線図を用いて説明しなさい。

第8章

経済成長

- ■8.1　生産能力を規定する要因
- ■8.2　明治以降の日本の近代的経済成長とその要因

　前章では，主として需要側の要因に注目して経済の安定について説明しました。この章では，供給側に注目して，世界にはなぜ豊かな国と貧しい国が存在するのか，経済はどのような要因によって成長するのかといった問題を考えます。

8.1　生産能力を規定する要因

●経済の安定と成長の関係

生産可能性曲線上の生産

完全雇用の必要性

総需要のコントロール

第1章で説明しましたが，一国の最大の生産能力は生産可能性曲線によって示すことができます。一国がこの生産可能性曲線上の生産を選択できるためには，前章で説明したように，完全雇用が達成されていなければなりません。非自発的失業が存在する不完全雇用の場合には，実際の生産の組合せは生産可能性曲線の内側の点になります。しかし，経済は常に完全雇用を達成して，生産可能性曲線上の生産を選択できるとは限りません。したがって，政府と中央銀行は，一国が生産可能性曲線上の生産を達成できるように，経済政策によって総需要をコントロールする必要があります。これが経済の安定と安定化政策の課題です。

経済成長

それに対して，生産可能性曲線が図8.1のABからCDのように外側に拡大すれば，一国が最大限生産可能な生産の組合せは拡大します。これは一国の供給能力あるいは生産能力が高まったことを意味します。このように，生産能力が高まることを経済成長といいます。

●生産能力の尺度としての国内総生産

GDPは一国の生産能力の尺度として用いられる

しかし，図8.1のような一国の生産可能性曲線を実際のデータから求めることは困難です。そこで，通常，一国の生産能力の尺度としては，国民経済計算統計から得られる国内総生産や一人当たりの国内総生産などが用いられます。

図8.2は米国ドルで表示した2005年の世界15位までの各国の国内総生産を示したものです。1位のアメリカの国内総生産が圧倒的に大きいことが分かります。日本は2位ですが，アメリカの35％にとどまっています。中国は1990年代以降の高度経済成長を反映して，世界4位で，アメリカの18％，日本の半

図 8.1　生産可能性曲線の拡大による生産能力の増大

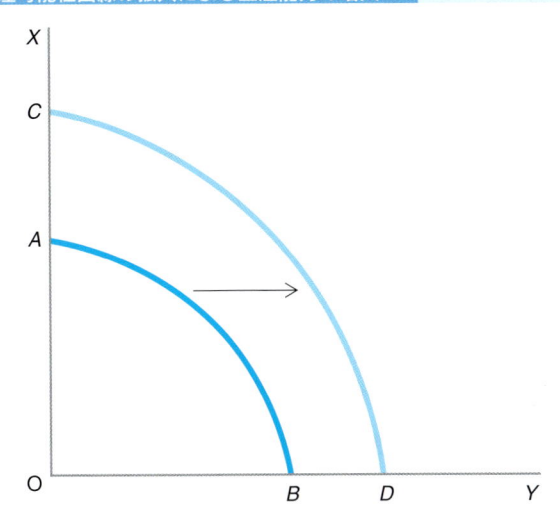

図 8.2　各国の国内総生産（単位兆米ドル。2005 年）

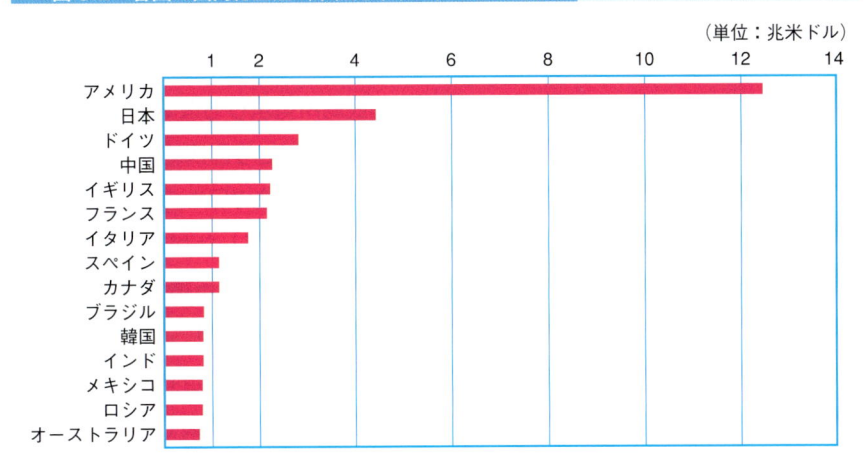

アメリカ
日本
ドイツ
中国
イギリス
フランス
イタリア
スペイン
カナダ
ブラジル
韓国
インド
メキシコ
ロシア
オーストラリア

（出所）　世界銀行ホームページ（2006 年 7 月 1 日）

8　経済成長

分にまで迫っています。ここに，経済成長とは国内総生産が増加することを意味します。

ロシアは軍事的には大国ですが，国内総生産は世界14位で，アメリカの6％に過ぎません。

●貧しい国と豊かな国

一人当たり国民総所得の比較

購買力平価

国内総生産は一国の生産能力を示す上では適当な数値ですが，豊かさの程度の尺度としては，一人当たりの国民総所得の方が適切です。図8.3は，各国のドル表示の購買力平価で測った一人当たり国民総所得を比較したものです。

購買力平価の購買力とは貨幣でどれだけの財・サービスを買えるかを表す指標で，購買力平価は市場で決まった為替レートを物価で調整したレートです。購買力平価は物価が低い国ほど市場で決まった為替レートよりも高くなります。したがって，購買力平価で測った一人当たり国民総所得は物価が低い国ほど高くなりますから，各国の貧富の差を比較するためには，市場で決まった為替レートで測った一人当たり国民総所得よりも適切です。

図8.3によると，世界で最も一人当たり国民総所得が高く，豊かな国はルクセンブルグで，世界19位の日本の2倍にも達しています。中国は国内総生産は世界4位でしたが，13億人という巨大な人口を反映して，一人当たり国民総所得は世界107位にまで後退し，日本の21％にとどまっています。

一方，貧しい国はアフリカに多いのですが，世界銀行のデータで得られる国のうちで一人当たり国民総所得が最も低い国は，アフリカの西海岸にあるブルンジで，日本の2％に過ぎません。

それでは，なぜ，ある国は貧しく，ある国は豊かなのでしょうか。次にこの点を検討しましょう。

図8.3　各国の一人当たり国民総所得（ドル表示の購買力平価。2005年）

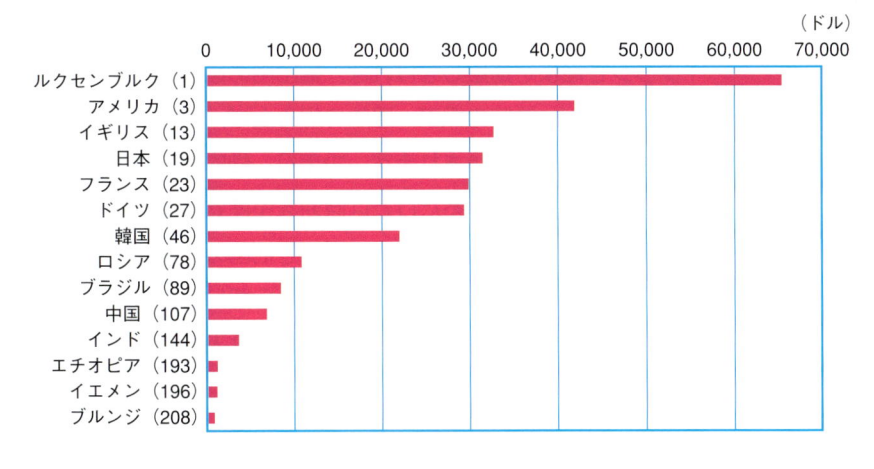

国（順位）	ドル
ルクセンブルク (1)	約65,000
アメリカ (3)	約42,000
イギリス (13)	約33,000
日本 (19)	約31,000
フランス (23)	約30,000
ドイツ (27)	約29,000
韓国 (46)	約22,000
ロシア (78)	約10,000
ブラジル (89)	約8,000
中国 (107)	約6,000
インド (144)	約3,000
エチオピア (193)	約1,000
イエメン (196)	約900
ブルンジ (208)	約700

（注）　カッコ内は順位
（出所）　世界銀行ホームページ（2006年7月1日）

●生産要素の賦存量と生産性

生産要素の賦存量

一国の生産能力の大きさを決める大きな要因は，一国が生産に投入できる，土地，天然資源，労働，物的資本などの生産要素の量（これを生産要素の賦存量といいます）です。投入可能な生産要素の量が増えれば，生産能力は増大します。

生産性

生産要素の生産性が向上することによっても，生産能力は増大します。生産性とは，投入した生産要素によって生産された財・サービスの量を投入した生産要素で割った値をいいます。

生産要素が豊富で，その生産性が高いほど，一国の生産能力は高まります。一国の生産能力が大きければ，その国は大きな国内総生産を達成できる可能性が高まります。

たとえば，豊富な油田を持っているサウジアラビアの国内総生産は世界21位で，日本の7%に達しています。

しかし，単に，土地や天然資源があるだけでは，財・サービス

⑧　経済成長

を生産することはできません。豊富な油田を持っているサウジアラビアにしても，油田のある場所を探索し，原油を組み上げ，パイプランで港まで運搬しなければ，輸出用の原油を生産することはできません。油田の探索，原油の組み上げ，運搬などのための施設は物的資本に分類されます。つまり，物的資本に投資しなければ，油田を持っているだけでは原油を生産できません。

<small>物的資本の重要性</small>

一国の土地や天然資源は戦争によって他国の土地や天然資源を不法に奪取するか，お金を出して他国から買い取らない限り，増やすことはできません。しかし，物的資本は人間の努力によって増やすことが可能です。

また，同じ土地や労働や物的資本でも知識の蓄積や技術の進歩によって，それらの生産性を高めることも可能です。

一人当たり国民総所得が世界1位のルクセンブルグや8位のアイルランドなどの豊かな国は，肥沃な土地や豊富な天然資源を持っているわけではありません。これらの国をはじめ，世界の豊かな国は物的資本を増やし，知識の蓄積や技術進歩に努めることによって，生産能力を飛躍的に高めることに成功した国です。

●平和な市場経済

<small>平和であること</small>

一国が資本を増やし，知識を蓄積し，技術進歩に取り組み，それらを生産活動に結び付けるためには，そもそも平和でなければなりません。アフリカ諸国では長い間部族間の対立が激しく，戦闘が続き，中東地域ではなかなか平和が訪れません。国民が戦闘に明け暮れれば，生産活動どころではありません。

日本も太平洋戦争で，希少な労働や物的資本を失い，生産活動は壊滅的な打撃を受けました。しかし，戦後の日本は高度経済成長を10年以上にわたって達成しました。2005年現在の日本は，国内総生産ではアメリカに次ぐ世界第2位で，一人当たり国民総所得も世界19位の豊かな国です。これも戦後長く続いた平和

のおかげです。

　世界の豊かな国を見ると，平和であることに加えて，原則として市場経済制度を採用していることが分かります。市場経済が機能するためには，第5章で説明したように，「法による支配」を維持する制度が整備されて，公正な取引が保証されていなければなりません。うそ偽りの取引が横行するようでは，取引は縮小し，市場は機能しないからです。

市場経済制度の採用

　かつては，ソビエト連邦をはじめ市場経済制度ではなく，計画経済制度を採用する国が少なくありませんでした。計画経済制度とは，中央政府の計画と指令に基づいて，資源配分と所得分配を決めようとする経済制度です。しかし，計画経済制度を採用した国はことごとく低成長に陥り，豊かな国への仲間入りはできませんでした。それはなぜでしょうか。

計画経済制度の問題点

　計画経済制度の企業は国営企業です。国営企業は政府が命令したとおりの資源を使って，決められた生産ノルマを達成するだけです。国営企業の経営者や労働者の報酬は政府によって決められていますから，生産に投入する資源を節約したり，技術革新に取り組んで生産性を上げてみたところで，かれらにとっては1円の得にもなりません。そのため，国営企業の経営者にも労働者にも，投入する資源を節約したり，生産要素の生産性を引き上げたりして，費用を引き下げる誘因はありません。国営企業は高コスト・低生産性企業になりがちな条件の下に置かれているのです。

　さらに，国営企業は政府の指令に従って生産するだけですから，消費者に喜ばれる新製品を開発する誘因も持っていません。

　これでは，計画経済国がことごとく低成長に陥ったのも当然です。実際に，ソビエト連邦が解体し，法による支配の制度が整備されて，当初の混乱が収まって，平和な市場経済に移行するにつれて，ロシアをはじめとする旧計画経済国の経済成長率が高まりました（表8.1）。

表 8.1　中国，インド，ロシアの 80 年代後半以降の経済成長率（％）

(年)
	1988-97	1998	1999	2000	2001	2002	2003	2004	2005
中　国	9.9	7.8	7.1	8.4	8.3	9.1	10	10.1	10.2
インド	6	5.9	6.9	5.3	4.1	4.3	7.2	8	8.5
ロシア		−5.3	6.4	10	5.1	4.7	7.3	7.2	6.4

（出所）　IMF *World Economic Outlook*, September 2006

　それに対して，市場経済では，経営者や労働者に生産性を高めようとする誘因があります。というのは，かれらの報酬はかれらの生産性が高くなれば，増加するからです。

　1990 年代後半から，中国とインドがそれまでは想像できなかったような目覚しい経済成長を続けていますが，その大きな要因もこれらの国が市場経済制度を取り入れるようになったからです（表 8.1）。

●物的資本への投資

　労働の生産性は，労働者が利用できる物的資本が多くなれば，そして，物的資本が持っている技術が高度なものになれば，それだけ向上します。次の文はこのことを鮮やかに示しています。

物的資本と技術

　北部インド農村では，「耕作は 3 インチ（7.5 cm）の歯先のついた木製の鋤を用いて多大の労力を費やして行われる。灌漑のためにはバケツで 1 杯ずつ水を汲み上げる必要があり，3 人が 2 頭の牛を使って 1 週間働いてもわずか 1 エーカー（0.404 ヘクタール）の小麦畑しか灌漑することができない。人の手ほどの大きさの鎌がすべての穀類の刈り取りに使われ，のろのろと歩く牛が脱穀のための動力として用いられる」(R. T. ギル著・安場保吉・安場幸子訳『経済発展論』東洋経済新報社，1965 年，16 頁)。

　この引用文に出てくる物的資本は，木製の鋤，バケツ，鎌，牛

です。他方，ニュージーランドの農業は次のようなものです。

「ニュージーランドの酪農家のなかには自分たちが扱う牛乳を見たこともない人が少なくない。搾乳機によって絞られた牛乳は殺菌され，乳脂テストを受け，他の牛乳と一緒にされて1日に35トンのバターを生産するバター工場に送り込まれる。農民は，トラック，トラクター，電流を通した鉄条網，草刈機，牧草反転機，乾燥堆積機，掘溝機などの機械・装置を用いる。地面に起伏の多い地方では，飛行機を用いて空から肥料をやったり，種子をまいたりする」（前掲書，16頁）。

ニュージーランドの農業では，物的資本として，トラックやトラクターをはじめとして各種の機械・装置，さらに飛行機までもが生産に投入されているのです。

設備投資と経済成長

物的資本を増やす行為は設備投資です。こうした高度の技術を備えた物的資本への投資を絶え間なく続けることによって，一国の生産性は向上し，経済は成長します。

●教育・訓練と人的資本

第1章で，生産要素としての労働とは，人間の精神的・肉体的な生産的努力であると定義しました。この人の精神的・肉体的な生産努力によってどれだけ財・サービスを生産できるか，すなわち，労働の生産性は人の持つ知識や技術によって異なります。

労働の生産性は，人々が教育を受け，仕事をしながら訓練を受けることによって，知識や技術を身につけるに連れて上昇します。基本的な読み，書き，計算ができなければ，その人の生産性は極めて低く，所得を稼ぎ出すことはほとんど不可能です。最近の日本では，義務教育を受けるだけでは労働の生産性が低いため，低所得に甘んじなければならない可能性が高まっています。そのため，高校，さらに，大学・大学院へ進学して，労働生産性を高めることによって，より多い所得を獲得しようとする人が増えています。

8 経済成長　177

労働の生産性は，人々が仕事に就き，訓練を受けて，仕事に熟練することによっても上昇します。

以上の意味で，生まれながらの自然な労働というものはなく，教育や訓練によって労働の生産性は向上し，その人の生涯にわたる所得も増大します。これは，物的資本への投資によって，企業の所得が長期にわたって増大することと似ています。そこで，労働者としての人を物的資本になぞらえて，人的資本と捉える考え方があります。労働者をこのように捉えると，教育や訓練は人的資本への投資と考えられます。

人的資本の重要性

●技術進歩と知識

物的資本や人的資本が増えれば経済は成長します。しかし，物的資本や人的資本が増えるだけで，技術進歩がなかったならば，今日の先進国に見られるような高度な成長は実現しなかったでしょう。

技術が進歩したり，知識が蓄積されると，同じ物的資本や人的資本を投入しても，物的資本や人的資本の生産性は向上します。新しい技術と知識を伴った新しい生産方法のおかげで，経済はこれまでと同じ土地，労働及び物的資本を使って，それまでの何倍もの生産物を生産できるようになりました。また，技術進歩は過去においてはどんなに大量の資源を投入しても生産できなかった自動車，電気洗濯機，ジェット機，高速のパソコンなどの新製品を次々に作り出し，労働の生産性を飛躍的に高めてきました。

このような技術進歩と知識の蓄積がなかったならば，近代から現代にかけて続いた経済成長は起こり得なかったでしょう。

なぜ技術進歩と知識の蓄積が進むか

人的資本や物的資本へ投資し，技術進歩を図り，知識を蓄積する，人々をこうした行動に駆り立てたのは，そうした行動によって人々の所得が増大するという市場経済に埋め込まれた誘因メカニズムです。

8.2 明治以降の日本の近代的経済成長とその要因

●明治以降の近代的経済成長

日本は非西洋諸国のうちではじめて近代的経済成長の始動に成功した国です。そこで，ここでは，明治以降から戦後の高度成長までの期間について，日本の経済長をもたらした要因を検討しておきましょう。

図8.4は，1885年（明治18年）から1983年（昭和58年）の100年間の日本の実質国民総生産（1934年から1936年の価格で評価することによって，物価の変化を中立化した実質国民総生産で，GNPともいいます。GNPは国民総所得に等しくなります）の成長を示したものです。100年間で，実質国民総生産は50倍になりました。

表8.2によると，約100年間で，人口は3倍に増えましたが，就業人口は教育期間の延長を反映して，2.5倍しか増えませんでした。しかし，一人当たりの物価の変化を取り除いた実質所得は約15倍も増加し，労働生産性は18倍も上昇し，その結果，実質賃金は18倍になりました。

日本がこのような高度な経済成長を達成しえたのはなぜでしょうか。

●近代的経済成長の始動に成功した要因

ここに近代的経済成長とは，近代科学の経済への広範な応用による経済成長を指しています。そこでは工業化が中心的な役割を果たしています。したがって，近代的成長は「工業化」と事実上同じです。

日本の近代的経済成長が始まるのは，およそ1890年代の後半です。日本が近代的経済成長の始動に成功した要因としては，従来，明治政府のさまざまな近代化政策が強調されてきましたが，

図 8.4 100 年間の日本の実質 GNP

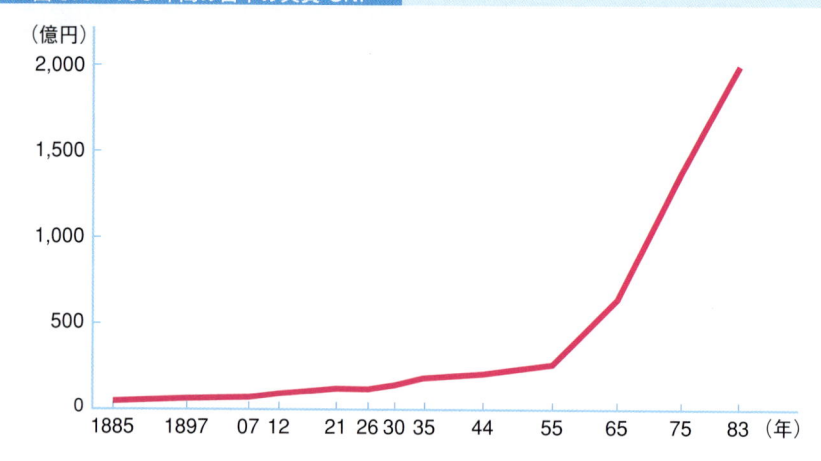

（注） 1934 年～1936 年価格。
（出所） 篠原三代平編著『日本経済講義』東洋経済新報社，1986 年。
大川一司他『国民所得』（「長期経済統計」第 1 巻）。
経済企画庁『国民所得統計年報』，同『国民経済計算年報』などより作成。

表 8.2 100 年間の人口・一人当たり GNP 等の比較

年	実質 GNP	人 口	就業人口	一人当たり GNP	労働生産性	実質賃金指数
	（億円）	（万人）	（万人）	（円）	（円）	
1887 年（明治 20 年）	43.4	3,990	2,304	109	188	0.298
1984 年（昭和 59 年）	1,930.3	12,024	5,766	1,605	3,348	5.251
倍 率	44.5	3.0	2.5	14.7	17.8	17.6

（注） 1. 実質 GNP は 1934～1936 年価格。1984 年の実質 GNP は 1983 年で近似。
2. 1987 年の人口と就業人口は明治 23 年の人口で近似。
3. 労働生産性＝実質 GNP／就業人口。
4. 実質賃金指数は 1934～1936 年を 1 とする指数。
（出所） 大川一司他『国民所得』東洋経済新報社，1974 年。
総務庁『国勢調査』，同『人口統計資料』。
篠原三代平編著『日本経済講義』東洋経済新報社，1986 年より作成。

南亮進『日本の経済発展』（東洋経済新報社，1981 年）は，近年の研究においては前近代社会からの遺産として継承された要素の重要性が注目されていることを指摘しています。

近代的経済成長　　日本の近代的経済成長は，工業部門に欧米諸国の先進技術を導入することによって達成されました。しかし，先進技術を消化し定着させ，かつ修正・改良するという社会的能力がなければ，経済は成長しません。

　南（1981）によると，この社会的能力を形成した要素は以下の2点です。第1は，優秀な人的資本――企業家，労働者，政治家――が存在したことと，それが教育の普及によって再生産されたことです。第2は，大きな市場の存在でした。

人的資本の側面　　(1)　豊富で優秀な労働力人口の存在

　明治の日本が江戸時代から受け継いだ遺産の一つで，近代的経済成長の始動を可能にした要因のうち最も重要な要因は，豊富で優秀な労働力人口の存在でした。

　明治の日本に優秀な労働人口をもたらしたものは，江戸時代の寺子屋による教育の普及でした。R.ドーアは維新当時の日本人の読み書きの普及率は，第2次世界大戦後の多くの発展途上国よりも高く，おそらく同程度の経済発展段階にあった多くのヨーロッパ諸国を超えるほどであったと推測しています。

市場規模の側面　　(2)　大きな市場の存在

　経済が特化による生産性の向上という利益を享受するためには，特化によって大量に生産された財・サービスを吸収できる購買力が存在していなければなりません。この購買力の大きさを決める要因の一つは，市場の大きさです。市場の大きさは，一国の各地方を結びつける交通・通信機関の発達の程度に依存します。

　交通手段である道路網は，江戸時代の参勤交代制による大名の往来によって発達していました。物資の輸送については，水運が発達していました。

　さらに，明治政府は1869年に東京・横浜間に電信を，1872年には，新橋・横浜間に鉄道をそれぞれ開通させました。

　道路網や鉄道・通信の発達は，各種商品の全国市場の形成を促

進し，商業・金融の発達をもたらすと共に，特化と大量生産による生産性の向上を可能にしました。

● **戦後の高度経済成長の要因**

図 7.2（149 ページ）で示したように，日本は 1955 年頃から 1973 年にかけて，年平均 9.3%という高い経済成長を達成しました。この期間の経済成長は高度経済成長と呼ばれます。

<small>高度経済成長</small>

表 8.3 は，日本経済研究センターによる 1960 年から 1970 年までのほぼ高度経済成長期に当たる経済成長（GNP の増加率で測られています）の要因分析の結果を示したものです。労働や資本の項目は，それらの生産要素の生産への投入量が増えたことによる成長と，それらの成長全体への寄与度を示しています。

この期間の年平均成長率は 10.62%でしたが，労働投入量の増加（表の就業者の項目）や教育による人的資本の生産性の向上（表の教育の項目）などによってもたらされたこの期間の平均成長率は 1.59%で，全体の成長率への寄与度（1.59%を 10.62%で割って 100 倍した値）は 15%でした。

一方，資本の増加や古い資本を新しい資本に置き換えることよってもたらされた平均成長率は 3.4%で，成長への寄与度は 32%でした。

成長への寄与度が最も大きかったのは技術進歩で，45%に達しています。この期間の技術進歩は欧米諸国から輸入した技術を用いての技術進歩で，日本企業がそれらの技術を改良・修正することはあっても，独自に技術を開発するケースは多くはありませんでした。こうした，先進国の技術を模倣して経済成長を遂げることを，キャッチアップによる経済成長といいます。

<small>キャッチアップによる経済成長</small>

結局，日本の高度経済成長の秘密は，国民が進歩した欧米の技術を積極的に輸入し，それを経済成長に結びつけるという社会的適応能力に優れていた，という点に求められると思われます。

表8.3 高度経済成長の要因分解（1960-1970年）

		成長率	寄与度
	実質GNP	10.62	100
1	労働	1.59	15
	就業者	0.97	9.1
	労働時間	△0.05	△0.6
	教育	0.41	3.9
	その他	0.27	2.5
2	資本	3.4	32
	設備	2.43	22.8
	在庫等	0.97	9.2
3	技術進歩	4.78	45
4	資源配分の改善	0.58	8

（出所）篠原三代平『日本経済講義』東洋経済新報社，1986年より作成。

◆ 練習問題

1 20世紀に，計画経済の経済成長率が市場経済の経済成長率よりも低かった理由を説明しなさい。

2 教育や仕事における訓練の経済成長に及ぼす影響を説明しなさい。

3 次のカッコ内を適切な言葉で埋めて，経済学的に意味のある文章にしなさい。
 (1) （ア）や人的資本が増えれば経済は成長する。しかし，その増加に（イ）が伴わなかったならば，今日の先進国に見られるような高度な成長は実現しなかったであろう。人的資本や（ア）へ投資し，（イ）を図り，（ウ）を蓄積する，人々をこうした行動に駆り立てたのは，そうした行動によって人々の（エ）が増大するという市場経済に埋め込まれた（オ）である。

 (2) 戦後の高度成長への寄与度が最も大きかったのは（カ）であった。この期間の（カ）は欧米諸国から輸入した（キ）による（カ）で，日本企業がそれらの（キ）を（ク）・修正することはあっても，独自に（キ）を開発するケースは多くなかった。このようにして，経済成長を遂げることを，先進国への（ケ）による経済成長という。

4 日本が明治期に近代的経済成長の始動に成功した理由を説明しなさい。

参考文献

1 新聞の経済記事

　経済学に興味を持って勉強するためには，日本と世界の経済にこれまで何が起き，今何が起きているかを知ることが重要です。そうした知識の蓄積は，読者が経済学を学ぼうとするときの強いインセンティブ（誘因）になります。そこでお勧めしたいのが，日本経済新聞をはじめとする新聞の経済記事を読むことです。

　本書で学んだ経済学の知識だけでは，新聞の経済記事を理解するには不十分なことが多々あると思います。しかし，本書で得た知識だけでも，理解が深まる経済記事も少なくありません。読者には，本書で得た知識を新聞記事に示された事例に当てはめて理解する，という試みに挑戦されることを期待します。

2 日本と世界の経済に関する理解を深めるための本

　日本と世界の経済に関する理解を深めるための比較的易しい本として，次の2つを紹介しておきます。

（1）　岩田規久男『日本経済を学ぶ』ちくま新書，2005年
（2）　野口　旭『グローバル経済を学ぶ』ちくま新書，2007年

3 本書の次に読むと理解が深まる本

　本書よりもやや高度なテキストのうち，本書の次に読むと経済学に対する理解が深まる本として，次を紹介しておきます。

（1）　N．グレゴリー・マンキュー著，足立英之他訳『マンキュー経済学　I　ミクロ編　第2版』東洋経済新報社，2005年
（2）　N．グレゴリー・マンキュー著，足立英之他訳『マンキュー経済学

Ⅱ　マクロ編　第2版』東洋経済新報社，2005年
（3）　岩田規久男『基礎コース　マクロ経済学　第2版』新世社，2005年
（4）　岩田規久男・飯田泰之『ゼミナール　経済政策入門』日本経済新聞社，2006年

4　経済学が面白くなる本

経済学が面白くなる本として，次の2著を推薦します。
（1）　竹森俊平『世界経済の謎──経済学のおもしろさを学ぶ』東洋経済新報社，1999年
（2）　若田部昌澄『経済学者たちの闘い──エコノミックスの考古学』東洋経済新報社，2003年

　（1）は経済学で世界経済を語ったユニークな本です。使われている経済理論は高度ですが，巧みな説明で分かりやすく，読者は「ジェット・コースター」に乗ったようなスリリングな気分を味わうことができます。
　（2）はこれまで経済学者がいかに現実の経済の整合的な理解のために，現実と格闘してきたかを，日本経済の現状分析と絡めながら語った本で，経済学説史に新しい境地を開いた本です。

練習問題解答

■第1章

- ア　サービス
- イ　資源
- ウ　希少
- エ　資源配分
- オ　市場
- カ　特化
- キ　労働
- ク　生産性
- ケ　土地
- コ　資本（または実物資本，または物的資本）
- サ　生産可能性曲線
- シ　資源配分
- ス　効率的
- セ　交換
- ソ　所有権
- タ　私的
- チ　所得再分配

■第2章

1
- ア　価格
- イ　増加
- ウ　負
- エ　需要法則
- オ　市場需要曲線（あるいは，需要曲線）
- カ　水平
- キ　価格
- ク　増加
- ケ　正
- コ　供給法則

2

シフトの方向は次の通り。
- （1）　左（下でも正解。以下同じ）
- （2）　右（上）
- （3）　右（下）
- （4）　左（上）

■第3章

1

図 3.1 で価格が P_2 のときの本文の説明を参照。

2

図 3.1 で価格が P_1 のときの本文の説明を参照。

3

この章の第 3.2 節の『「需要が増えると価格が上昇する」という意味』の項（46 頁）の説明を参照。「価格が上昇すると，需要が減る」ということは，一つの需要曲線上の「価格と需要量」の関係を述べている。一方，「需要が増えると，価格が上昇する」ということは，需要曲線が右にシフトすると，価格が上昇することを述べている。

4

(3.1) に与えられた数値を代入すると，

  供給の価格弾力性＝(200 ÷ 1000)÷(50 ÷ 100)＝ 0.4

5

(3.5) に与えられた数値を代入すると，

  需要の価格弾力性＝－(－ 200 ÷ 1000)÷(50 ÷ 100)＝ 0.4

なお，需要の弾力性は (3.3) で定義される場合もある。この場合は，需要の価格弾力性は－ 0.4 になる。

6

高い経済成長を達成するために，世界中で生産において投入されるエネルギー源である石油需要が大きく増えた。また，高い経済成長による所得の増大により，電気などのエネルギー需要やガソリンや軽油などの需要も世界的に大きく増大した。こうした世界的な石油需要の急増は**図 1** で，世界の石油需要曲線を D_0 から D_1 へと大きく右にシフトさせた。一方，本文で述べた理由から，石油供給の価格弾力性は短期的にはきわめて小さい。したがって，**図 1** の供給曲線のように，短期的な供給曲線の傾きは急である。そのため，石油の需要曲線が図のように大きく右にシフトすると，価格は P_0 から P_1 のように高騰した。

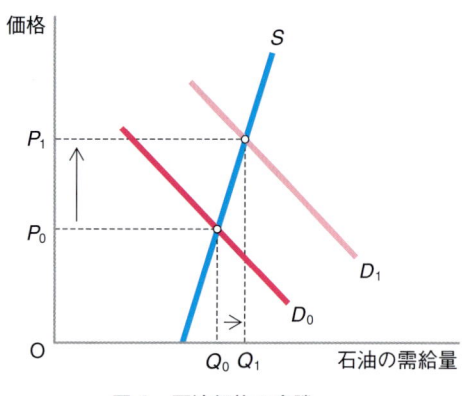

図1 石油価格の高騰

7
(1) 石油価格の上昇によりガソリン価格が上昇した。軽自動車のガソリン1リットル当たりの走行距離は大型普通車のそれよりも長い。自動車需要者の中で燃料費を節約しようとするものが増えた結果，大型普通車の需要は減少し，軽自動車の需要は増えた。**図2**では，大型普通車の需要曲線は左に，軽自動車の需要曲線は右にシフトした。
(2) **図2**の供給曲線 S_1 と S_2 のように，大型普通車の供給曲線の傾きも軽自動車の供給曲線の傾きもともに水平に近いと推測される。

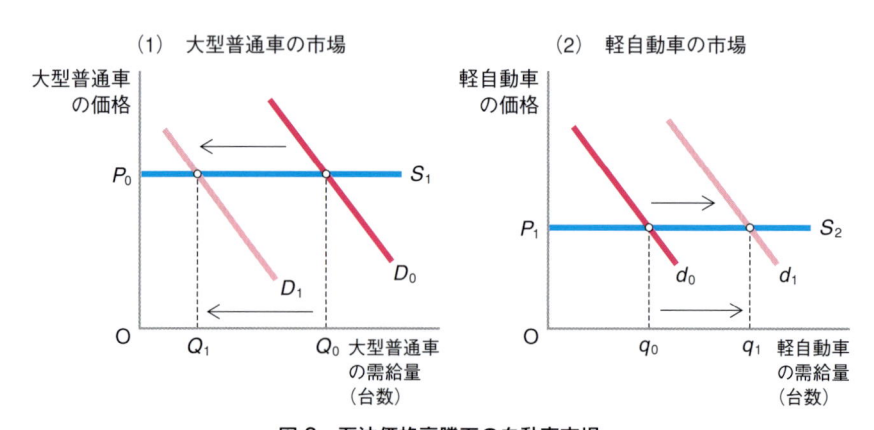

図2 石油価格高騰下の自動車市場

■第4章
1
ア　所得
イ　左
ウ　右
エ　右
オ　上昇
カ　増加
キ　右
ケ　増加

2
　私たちの胃の容量には限界があるから，所得とそれに伴って消費支出が増えたほどには，食べる量を増えない。エンゲルの法則が成立するのはそのためである。データは総務省の家計調査のホームページで得られる。
　図3はこのホームページの平成17年度の年報の「総世帯」のうちの「1世帯当たり1か月間の収入と支出」からとったデータから，エンゲル係数をマイクロソフト社のソフトであるエクセルを使って折れ線グラフにしたものである。これによると，エンゲルの法則は収入階級Ⅲでは成立していないが，その他の収入階級では成立している。

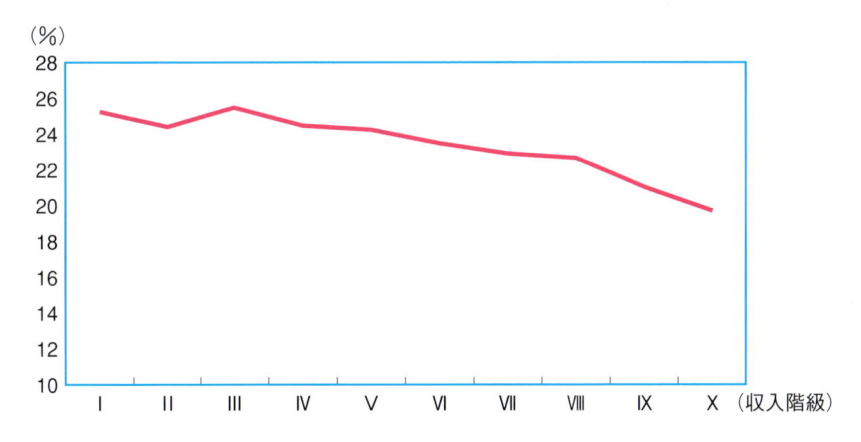

（注）　Ⅰ 192万円未満，Ⅱ 192万円以上－272万円未満，Ⅲ 272万円以上－336万円未満，Ⅳ 336万円以上－399万円未満，Ⅴ 399万円以上－473万円未満，Ⅵ 473万円以上－556万円未満，Ⅶ 556万円以上－655万円未満，Ⅷ 655万円以上－792万円未満，Ⅸ 792万円以上－1003万円未満，Ⅹ 1003万円以上
（出所）　総務省『平成17年度家計調査』

図3　10分位収入階級別エンゲル係数（2005年）

3

2で示したホームページの「長期時系列データ」から計算し，エクセルなどのソフトを使ってグラフを描いてみる。折れ線グラフを描くと1974年と1998年にエンゲル係数は上昇していることが分かる。1998年は前年に比べて家計の可処分所得が減ったことが，エンゲル係数上昇の原因である。

一方，1974年の家計の可処分所得は前年よりも増えたが（勤労者世帯の場合，24％増），食料品の価格（総務省ホームページの消費者物価指数）は28％も上昇した。そのため，食料の消費量は所得が増えたほどには増えなかったが，食費（＝食料品の価格×食料の消費量）は消費支出の伸び（22％）以上に増加し，エンゲル係数は上昇した。

4

2と3で示したホームページからデータが得られるので，折れ線グラフを描いてみる。

5

塾と予備校の教育サービス需要曲線が右にシフトして，需要量がQ_0からQ_1に増加した。

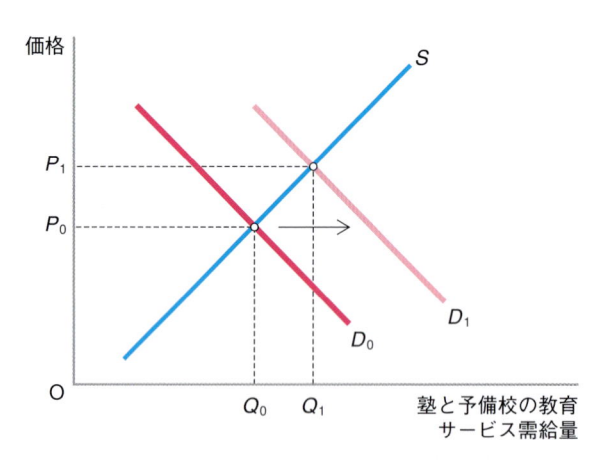

図4 塾と予備校の教育サービス需要曲線

■第5章
ア　規模の経済あるいはスケール・メリット
イ　費用逓減
ウ　独占
エ　限界費用
オ　非競合性
カ　公共
キ　外部
ク　環境（あるいは汚染）
ケ　市場
コ　機会
サ　結果

■第6章
1
ア　80（付加価値＝生産高－中間投入＝80万円）
イ　原材料
ウ　非耐久財
エ　90（(6.4)を利用する）
オ　供給
カ　CD（DCでも正解）
キ　多（または，大き）
ク　前
ケ　後

2
（1）　事後的な国内総所得は2000になるから，民間消費Cは与えられた消費関数から，
　　$100 + 0.8(2000 - 50) = 1660$
　　総需要＝$1660 + 200 + 100 + 30 - 20 = 1970$
したがって，
　　事後的国内総生産－総需要＝$2000 - 1970 = 30$
の超過供給が存在する。

（2）　(6.6)から，
事後的民間企業在庫投資
＝事後的国内総生産(2000)
　－｛事後的民間消費(1660)＋事後的住宅投資と事後的設備投資の合計(160)
　　＋事後的政府支出(100)＋事後的輸出(30)－事後的輸入(20)｝
∴　事後的民間企業在庫投資＝70

練習問題解答　191

一方，
　計画民間企業在庫投資
　　＝計画民間投資 I －（計画住宅投資＋計画民間企業設備投資）
　　＝ 200 － 160
　∴計画民間企業在庫投資＝ 40

したがって，事後的民間企業在庫投資－計画民間企業在庫投資＝ 30。これは①で計算した超過供給に等しい。

(3)　事後的民間企業在庫投資は計画民間企業在庫投資を 30 だけ上回るから，意図せざる在庫の増加が 30 発生する。そこで，企業は在庫水準を適正な水準まで落とそうとして，生産を縮小し始めるため，国内総生産は減少し始める。

(4)　国内総生産の均衡式(6.16)の右辺に与えられた計画段階の各数値を代入して，
$Y = 100 + 0.8(Y － 50) + 200 + 100 + 30 － 20$
これを Y について解くと，均衡国内総生産 $Y = 1850$

■第 7 章

1

ア　生産（総供給または国内総生産でも正解）　　エ　大き
イ　所得（国内総所得でも正解）　　　　　　　　オ　投資乗数
ウ　消費（民間消費でも正解）

2

図 7.8 を用いて，国内総生産が増大し，それに伴って雇用も増加することを説明する。

3

図 7.9 を用いて，国内総生産が増大し，それに伴って雇用も増加することを説明する。

■第 8 章

1

175 頁から 176 頁の説明を要約する。計画経済における国営企業の経営者と労働者には，投入する資源を節約したり，生産要素の生産性を引き上げたりして，費用

を引き下げる誘因がないのに対して，市場経済における経営者と労働者にはそうした誘因があるという点がキーポイント。

2

177 頁から 178 頁の説明を要約する。教育と訓練は人的資本への投資であり，その投資によって労働生産性が上昇するという点がキーポイント。

3

ア　物的資本（実物資本でも正解）
イ　技術進歩
ウ　知識
エ　所得
オ　誘因（インセンティブまたは動機付けでも正解）
カ　技術進歩
キ　技術
ク　改良
ケ　キャッチアップ

4

179 頁から 182 頁の説明を要約する。豊富で優秀な労働力人口（人的資本）の存在と大きな市場の存在がキーポイント。

索　引

あ　行

安定均衡　45

一般的な交換のルール　94
意図した在庫投資　138
意図せざる在庫投資　138
　　──の減少　140, 144, 151
　　──の増加　141, 152
インフレ　167
インフレーション　167

営業余剰　126

大きな市場　181
お金　10

か　行

海外からの受け取り要素所得　127
海外からの純要素所得　127〜129
海外への支払要素所得　127
外部経済　104
外部性　104
外部不経済　104
価格　20, 44
　　──の変化　46
価格規制　98
価格支配力　34
価格弾力的　52
価格非弾力的　52
下級財　28
家計　3, 88, 89
可処分所得　133, 157
貨幣　4
　　──の獲得　90
環境汚染　104

間接税　38, 59, 127
完全競争市場　34, 44, 48
完全雇用　159, 170
完全雇用国内総生産　159, 165

機会の平等　108
企業　3, 88, 89
　　──の利益　83
企業所得　130
企業内の分業　8
技術　7
技術進歩　99, 178
　　製造業における──　84
　　農業における──　85
希少性　1, 88
　　──の高い労働サービス　88
規制の見直し　99
基礎控除　114
規模の経済　97
義務教育制度　109
キャッチアップによる経済成長　182
キャピタルゲイン　110
給与　80
教育　177
　　──を受ける機会　108
供給曲線　33, 44
供給曲線のシフト　35, 37〜39, 58
　　──と価格変化　60
　　──と需要の価格弾力性　62〜64, 66
供給の価格弾力性　51, 52
供給表　30
供給法則　30
極めて大きな排除の費用　104
均衡　44
均衡価格　44
　　──の上昇　50
均衡国内総生産　137

均衡需給量　44
近代的経済成長　179
金融緩和政策　165, 166

訓練　177

計画外在庫投資　138
計画外の在庫の減少　140
計画外の在庫の増加　141
計画経済制度　175
計画在庫投資　138
計画民間企業在庫投資　143
計画民間企業投資　142, 143
計画民間住宅投資　143
計画民間投資　143
景気　151
経済循環　88
経済成長　72, 170, 182
経済成長率　148
経済変数　117
ケインズ　132
結果の平等　110
　──と税制　112
限界消費性向　155
限界費用　100
研究開発投資　150
減税政策　163

公益事業　98
公害問題　104
工業化　179
公共財　99, 102
公共投資の拡大　163
高度経済成長　148, 174, 182
高度経済成長期　74, 78, 84
購買力平価　172
国営企業　175
国債　165
国際分業　8
国内概念　127
国内可処分所得　133
国内純所得　126
国内純生産　128

国内総支出　121〜123, 126, 131
国内総所得　126
国内総生産　72, 95, 118, 123, 124, 126, 128, 130, 134, 136, 170
　──の均衡式　131
　──の決定式　131
国防　99
国民概念　127
国民経済計算　118
国民所得　112, 127, 129
国民全体の利益の増大　102
国民総所得　127〜129, 172, 179
国民総生産　127, 128
個人企業　3
国家独占　98
固定資産減耗　126
固定資産税　112, 114
固定的生産要素　82
固定費用　82, 97
個別供給曲線　30, 33
個別需要曲線　20
雇用者報酬　130
雇用需要　79
コーリン・クラークの法則　72
混雑費用　103
混雑料金　103

さ　行

財　2
　──・サービスと貨幣の交換　4
在庫投資　123
　──の調整　138〜140
財政赤字　165
財政支出乗数　163
財政政策　162
最大可能な供給　159
最大限生産可能な財の組合せ　11
財の供給　30
サービス　2
産業構造の変化　72
産業別資本ストック　76
産業別就業人口　75

参勤交代　181
三大都市圏　79

資格免許制度　106
仕掛品　138
時間の節約　6
資源　1, 9
　　——は稀少　13
資源配分　11, 71, 90, 94
　　効率的な——　14, 15
　　非効率な——　15
資源配分機能　95
資源配分問題　1, 11
事後的　123
事後的国内総生産　142
事後的国内総支出　142
事後的民間企業在庫投資　143
事後的民間在庫投資　124
資産課税　114
市場　1, 4
市場供給曲線　31, 33, 44
市場競争の導入　99
市場経済　5, 94
市場経済制度　175, 176
市場需要曲線　22, 44
市場の失敗　96, 97
実質国内総生産　148
実質国民総生産　179
実物資本　10, 11
　　——に対する支出　121
私的財　100
私的所有権　15
　　——制度　16
自発的交換　94
自発的失業　160
資本　10, 120
資本減耗　128
資本財　2, 10
資本ストック　76
社会的損失　162
社会福祉　110
社会保険制度　110
社会保障関係費　111

社会保障制度　111
借金　134
需要　20
　　——の価格弾力性　60, 62
　　——の決定要因　20
需要が増えると価格が上昇する　46
需要曲線　22, 44
　　社会全体の——　22
需要曲線のシフト（移動）　24, 28, 29
　　——と供給の価格弾力性　54, 56, 58
需要決定型モデル　132
需要表　20
需要不足　162
需要法則　20
準公共財　103
商慣行　94
上級財　27, 49, 74
使用権　16
消費　2
　　——の競合性　100
　　——の非競合性　101
消費課税　113
消費財　2, 20, 120
　　——に対する支出　121
消費者物価　82
消費税　113
　　——は逆進的である　113
情報の非対称性　106
所得　90
　　——の変化と価格の変化　50
所得格差　16, 108
所得再分配政策　16, 108～110
所得分配　91, 94
所得分配機能　95
人的資源　10
人的資本　178

スケール・メリット　97

生活保護制度　110
税金　157
生産・出荷にかかわる費用　35
生産可能性曲線　13, 170

生産性　173
　　——の上昇　36
生産高　118
生産年齢人口　10
生産費用の変化　58
生産物市場　88
生産要素　10, 78
　　——の価格低下　36
　　——の賦存量　173
生産要素価格　78, 81
生産要素市場　89
生産要素所得　81
正常財　27, 49, 74
政府　91, 93
　　——の目的別支出　95, 96
政府支出　120, 124
　　——の効果　162
政府支出乗数　163
設備投資　150, 153, 177
設備投資増加の第1次効果　155
設備投資増加の第2次効果　156
設備投資増加の第3次効果　156
先進技術　181

総供給　130, 131, 142
　　——と物価　160
総供給曲線　136
総需要　130, 131, 135
　　——のコントロール　170
総需要拡大効果　166
総需要拡大政策　165
総需要曲線　136
総所得　81
贈与　135
損害賠償　95

た　行

第1次産業　72, 75
第1次石油危機　148
代替関係にある財の価格変化　24
代替財　24, 46
第3次産業　72, 75, 79

第2次産業　72, 75
太平洋戦争　174
他の条件一定の仮定　23

知識　7
地代　80, 84, 90
中間投入　118
超過供給　44, 132
超過需要　45, 132
貯蓄　134
賃金　80, 126
賃金格差　86
　　産業ごとの——　86
賃金所得の決定　84
賃金率　81

追加的費用　101

低成長時代　150
寺子屋　181
天候の変化と価格の変化　51
天然資源　9, 10

投資乗数　154
登録制　106
独占　97
土地　9, 10
　　——サービスの提供　90
特化　3, 6～8

な　行

認定制　106

値上がり益　81

は　行

排除の原則　100
バブル景気　150

非自発的失業　160, 162, 163
費用逓減産業　97

索引　197

付加価値　118
不完全競争市場　34
不完全雇用　160
不正な交換の処罰　95
物価　132
物的資本　10, 174, 176
分業　8

平均消費性向　113
平和　174
ヘドロ　104

豊作貧乏　68
法人所得税　113
法人税　113
　　──の所得再分配効果　113
法による支配　95, 175
法による統治　95, 102
豊富で優秀な労働人口　181
補完財　26
　　──の価格の変化　48
補助金　127

ま　行

マクロ経済学　117
マクロ経済変数　118
　　支出面から見た──　120

民営化　99
民間企業在庫投資　151, 152
民間企業設備投資　124, 151～153
民間企業投資　120, 151
民間在庫投資　123
民間住宅投資　120
民間消費　120, 124, 133, 134
民間消費関数　134
民間設備投資　123
民間投資　120

名目GDP　124
名目国内総支出　124
名目国内総生産　124, 129

名目所得　167
名目賃金率　82, 83, 90

モノ　2

や　行

有効需要の原理　132
輸出　120
輸入　121, 157
　　──と投資乗数　158

45度線図　136

ら　行

履行の強制　95
利子　110
利子率　84
　　──の引き下げ　165

累進所得税　112

劣等財　28

労働　9, 10
労働サービス　4
　　──と貨幣の交換　5
　　──の提供　89
労働サービス供給曲線　82
労働サービス需要曲線　82
労働サービス需要の増加　85
労働参加率　10
労働時間　81
労働市場　5
　　──の均衡　84
労働人口　10
労働生産性　177
　　──の向上　6
　　──の上昇　84
労働費用　36
労働分配率　129, 130
労働力　10

欧 字

GDI 128
GDP 95, 118, 128
　——の三面等価の定理　126
GNI 127, 128
GNP 127, 128, 179, 182
NI 127, 128
NNP 128
SNA 118

著者紹介

岩田　規久男（いわた　きくお）

1942年　大阪府に生まれる
1966年　東京大学経済学部卒業
　　　　上智大学経済学部教授，
　　　　学習院大学経済学部教授を経て
現　在　前日本銀行副総裁　学習院大学名誉教授

主要著書

『ゼミナール ミクロ経済学入門』，『ゼミナール 経済政策入門』（共著）（以上，日本経済新聞社）

『経済学を学ぶ』，『マクロ経済学を学ぶ』，『日本経済を学ぶ』，『「小さな政府」を問いなおす』，『そもそも株式会社とは』，『世界同時不況』，『経済学的思考のすすめ』（以上，筑摩書房）

『金融入門　新版』，『国際金融入門　新版』（以上，岩波新書）

『デフレの経済学』，『日本経済にいま何が起きているのか』（以上，東洋経済新報社）

『初歩から学ぶ金融の仕組み』（左右社）

●ライブラリ 経済学への招待―1
経済学への招待

2007年 7月25日 © 　　　初 版 発 行
2023年 9月25日　　　　初版第19刷発行

著　者　岩田規久男　　　　発行者　森平敏孝
　　　　　　　　　　　　　印刷者　山岡影光
　　　　　　　　　　　　　製本者　小西惠介

【発行】　　　　　　　株式会社　新世社
　〒151-0051　東京都渋谷区千駄ヶ谷1丁目3番25号
　☎(03)5474-8818(代)　　　サイエンスビル

【発売】　　　　　　　株式会社　サイエンス社
　〒151-0051　東京都渋谷区千駄ヶ谷1丁目3番25号
　営業☎(03)5474-8500(代)　　振替00170-7-2387
　FAX☎(03)5474-8900

印刷　三美印刷　　　　製本　ブックアート
《検印省略》

本書の内容を無断で複写複製することは，著作者および出版者の権利を侵害することがありますので，その場合にはあらかじめ小社あて許諾をお求めください。

ISBN978-4-88384-112-7
PRINTED IN JAPAN

サイエンス社・新世社のホームページのご案内
https://www.saiensu.co.jp
ご意見・ご要望は
shin@saiensu.co.jp まで。